Jan Schaffarzyk

Sonntagspredigte zum Lesejahr "C"

Jan Schaffarzyk

Sonntagspredigte zum Lesejahr "C"

Fromm Verlag

Imprint

Any brand names and product names mentioned in this book are subject to trademark, brand or patent protection and are trademarks or registered trademarks of their respective holders. The use of brand names, product names, common names, trade names, product descriptions etc. even without a particular marking in this work is in no way to be construed to mean that such names may be regarded as unrestricted in respect of trademark and brand protection legislation and could thus be used by anyone.

Cover image: www.ingimage.com

Publisher:
Fromm Verlag
is a trademark of
International Book Market Service Ltd., member of OmniScriptum Publishing Group
17 Meldrum Street, Beau Bassin 71504, Mauritius

Printed at: see last page
ISBN: 978-613-8-35136-8

Vorwort

Liebe LeserInnen, zu den wichtigsten Aufgaben eines Priesters gehört die Verkündigung des Wortes Gottes. Das geschieht vor allem in den Predigten. Dieses Buch, das sie jetzt in die Hand genommen haben, ist eine Sammlung meiner Predigten zu dem Lesejahr „C". In meinem schon über 27 jährigen Dienst als Priester habe ich mich immer bemüht, zu jedem Sonntag und Feiertag eine neue Predigt zu schreiben. Das hilft uns Priester, nicht in die Routine zu verfallen. Das Wort Gottes ist eigentlich nie auszuschöpfen. Man predigt anders als Kaplan, anders als Pfarrer. In einer großen Stadt sind die Ansprüche anders als auf dem Land. Bereichernd für mich war auch das, dass ich in zwei Ländern gearbeitet habe und gute Prediger getroffen habe, die mir den Blickwinkel auf das Wort Gottes verbreitert haben. Ich hoffe, dass meine Gedanken und Erfahrungen, die dieses Buch enthält, euch helfen, das Wort Gottes besser zu verstehen und es auch im Alltag zu erleben.

Jan Schaffarzyk

Inhaltsverzeichnis

ADVENT und WEIHNACHTEN

1. Adventsonntag „C“

Liebe Brüder und Schwestern, kann eine Liebe 40 Jahre dauern? Ich denke meine Liebe dauert schon fast vierzig Jahre. Und was interessant ist, sie wird immer tiefer. Was für eine Liebe ist das? Wie kann sie so lange dauern? Es ist meine Liebe zum Advent. Von Anfang an habe ich die schöne Adventzeit sehr gerne gehabt. Als kleines Kind war sie für mich eine schöne Zeit. Ich kann mich gut erinnern daran, als ich mit meinen Eltern die Adventlaterne gebastelt habe. Dann die dunkle Kirche, wo ich mit vielen Kindern zum Altar gegangen bin. Die Ruhe, die geheimnisvolle Atmosphäre, die Erwartung auf Weihnachten. Dann ist der Heilige Abend gekommen, mit dem Geruch des Christbaums und die Mette, mit schönen fröhlichen Liedern, mit der weihnachtlich geschmückten Kirche und die schöne Krippe mit dem Christkind. Als Kaplan und als Pfarrer ist es mir genauso wichtig. Mir ist bewusst, dass das Fundament des Glaubens schon in der Kindheit gelegt wird und wächst. Warum liebe ich die Adventzeit? Was liebe ich im Advent besonders? Vor allem habe ich im Advent die Ruhe geliebt. Im Herbst beruhigt sich unsere Natur, sie rastet nach dem lebendigen, kräftigen Frühling, wo alles wächst und blüht. Die Natur sammelt jetzt die Kräfte für einen neuen Frühling und Sommer, wo sie neue Früchte bringt. Wenn ich wirklich viele Früchte in meinem innerlichen Leben bringen will, muss ich auch die Zeit für die Ruhe finden. Ich muss mich fragen: wo bin ich jetzt? Wie läuft mein Leben? Was ist mein Ziel? Bin ich bereit, Gott zu treffen? Darüber hat auch das heutige Evangelium gesprochen. / Wach sein und beten, damit wir aufs Kommen Jesu gut vorbereitet werden – hat uns heute das Lukasevangelium vorgeschlagen. Für mich ist das ein wichtiger Impuls für den Advent. Im Advent versuche ich, mehr Zeit für mich selbst zu finden. Meistens beim Frühstück nach der Rorate ist es im Pfarrheim sehr laut. Lebendig zu sein, gehört zu der Natur der Kinder. Wenn sie dann in die Schule gehen, genieße ich die Ruhe besonders. Oft am Abend zünde ich die Kerzen auf meinem Adventkranz an und genieße die einmalige Atmosphäre. Draußen laufen die Geschäfte, die Adventmärkte, die Einkäufe, und ich habe meine Stille mit meinem Gebet oder mit einem guten Buch. Da kann ich meine Gedanken sammeln, da kann ich mein innerliches Leben spüren, da kann ich Gott finden und das hören, was Er mir sagen will. / Hast du das schon einmal probiert? Das empfehle ich dir. Dann merkst du, dass alles viel leichter geht, dann merkst du, dass die Probleme nicht so groß sind wie früher, dann paradoxerweise merkst du, dass du mehr Zeit hast. Zeit mit Gott ist nie verlorene Zeit, weil du dann merkst, dass Er bei dir ist und Er bereit ist dir zu helfen. Deswegen liebe ich den Advent sehr. Darum freue ich mich schon auf den Advent. Liebst auch du den Advent?

2. Adventsonntag

Liebe Schwestern und Brüder. Advent, eine schöne, nostalgische Zeit. Mit der Zeit sind bei vielen nette Erinnerungen von unserer Kindheit geblieben. In der Zeit gibt es auch viele schöne Bräuche. Es wäre aber nicht gut, wenn wir bei der romantischen Ebene bleiben. Der große Prophet des Advents, der heilige Johannes der Täufer hat uns heute hingewiesen, was zum Advent gehört. Wie sagte heute das Evangelium: „Er verkündigte überall Umkehr und Taufe zur Vergebung der Sünden. Bereitet dem Herrn den Weg! Ebnet ihm die Straßen!“- hat er gerufen. Was bedeutet das für uns Gläubigen?
Der Advent ist eine Zeit der Erwartung. Die Erwartung kann passiv oder aktiv sein. Wenn ich warte bis ich volljährig bin, muss ich einfach warten. Ich kann nichts in dieser Richtung machen. Wenn ich aber auf einen Gast warte, bereite ich mich meistens vor. Ich räume meine Wohnung auf, ich koche für meine Gäste, ich decke schön den Tisch, damit meine Gäste sich wohl füllen. Wenn ich ernst über Advent denke, muss ich mir auch überlegen: Wie kann ich mich aufs Kommen Jesu vorbereiten? Was kann ich tun, dass der Advent nicht nur das passive Warten sein wird?
Als ich Kind war, wurde mir empfohlen, dass ich im Advent Vorsätze machen soll. Die meisten Vorsätze haben das Naschen betroffen. Wie kann unser Vorsatz als Erwachsener aussehen? Wie können wir den Vorschlag des Johannes zum Umkehren erfüllen? Was kann ich tun, damit ich mich gut aufs Kommen Jesu vorbereite?
Mit dem Erwachsen werden, haben sich auch meine Vorsätze geändert. Jetzt, statt auf etwas zu verzichten, denke ich, wie kann ich mit meinen Mitmenschen besser umgehen, damit ich keine Last für sie werde, damit meine Liebe wächst? Wie kann ich meine Arbeit als Priester besser machen? Wie kann ich meine Berufung am besten verwirklichen?
Liebe Schwestern und Brüder. Jeder von uns hat seinen Kreis der Nächsten. Das kann die Ehefrau oder der Ehemann sein, das können meine Geschwister, Kinder oder Eltern sein. Vielleicht soll ich mich fragen, ob alles in Ordnung in dem Bereich ist? Vielleich muss ich mich fragen, wann habe ich meinem Ehepartner

meine Liebe gezeigt. Wann habe ich meiner geliebten Person gezeigt, dass die Liebe zu ihr mir wichtig ist? Wann habe ich meiner Frau das letzte Mal Blumen geschenkt? Wann habe ich meiner geliebten Person meine Zeit, meine Aufmerksamkeit gegeben, damit sie weiß, dass sie wichtiger als das Fernsehprogramm, als mein Hobby ist? Ist mein Mann die Person, für die ich alles gerne mache? Pflegen wir unsere Beziehung? Vielleicht ist unter uns was, dass wir verbessern können. Vielleicht soll ich daran arbeiten. Vielleicht gibt es jemand, dem ich etwas nicht verzeihen oder vergessen kann. Vielleicht bekomme ich jetzt von Gott einen bestimmten Mut, ihn um Verzeihung zu bitten oder ihm zu verzeihen. Es ist immer schön, wenn Menschen sich gegenseitig versöhnen können. Es ist wie eine neue Geburt. Vielleicht könnte das eine Geburt Jesu in unserem Herz sein, wenn wir verzeihen, wenn wir die Verzeihung annehmen, wenn wir unsere Liebe zu unseren Nächsten erneuern. Vielleicht können wir an dem zweiten Adventsonntag daran denken. Dann wird Jesus nicht nur in unserer Tradition geboren, sondern auch in unserem Herz. Was könnten wir uns besseres zu Weihnachten wünschen? Also wünschen wir uns das gegenseitig. Amen.

3. Adventsonntag

Liebe Schwestern und Brüder, die Menschen aus dem heutigen Evangelium waren uns ein bisschen ähnlich. Sie hatten alles, was man zum Leben braucht, besonders die Zöllner und Soldaten, trotzdem haben sie etwas gesucht. Vielleicht haben sie gespürt, dass das Leben, das sie führten, ihnen nicht das vollständige Glück gebracht hat. Da waren drei Gruppen: Die erste Gruppe sind die ganz normalen frommen Juden, die vielleicht ihr Leben vertiefen wollten. Johannes sagt ihnen, dass sie das teilen sollen, was sie haben. Man kann sagen, nichts Außergewöhnliches. Ähnlich die Zöllner, sie hatten viel mit dem Geld zu tun. Da entsteht immer die Gefahr, dass sie ihre Position ausnutzen, um noch reicher zu werden. Ihnen empfiehlt der Johannes, dass sie nicht mehr verlangen, als festgesetzt ist. Und dann kamen die Soldaten. Ihnen empfiehlt er auch, dass sie sich mit dem Sold begnügen sollen. Sie dürfen ihre Position und Macht nicht ausnutzen.

Liebe Schwestern und Brüder, mir sind zwei Dinge bei den Ratschlägen von Johannes eingefallen. Eines ist, dass er den Menschen nicht empfohlen hat, ihre Arbeit, ihren Job zu ändern. Alle Aufgaben sind wichtig, sie sind nützlich für die Gesellschaft. Wichtig ist, dass die Menschen ihre Arbeit gut tun, dass sie ihre Position nicht ausnutzen, um reicher zu werden, oder andere Menschen zu unterdrücken. Zweitens, was wichtig ist: besonders die ersten Menschen, die zu

Johannes gekommen sind, waren eigentlich gute Menschen. Trotzdem sind sie gekommen, um einen Rat zu bekommen, wie man das Leben noch besser gestalten kann.
Das alles ist vor fast 2000 Jahren geschehen. Was können wir heute bei der Gelegenheit für uns lernen? Wie können wir die Worte des Johannes für uns auslegen?
Für mich bedeutet das, dass jeder Mensch, der eine Arbeit hat, die Arbeit so gut wie möglich machen soll. Es ist nicht so wichtig, welche Arbeit ich habe, welche Talente ich habe. Viel wichtiger ist, dass ich meine Arbeit gut, mit Liebe zu meinen Mitmenschen als Hilfe für sie, mache. Gott sieht nicht nur meine Arbeit, sondern auch meine Intention.
Die zweite Lehre des Johannes ist für mich: Ich kann niemals sagen, ich bin perfekt. Es gibt immer etwas in meinem Leben, was ich ändern kann, daran ich arbeiten muss. Deswegen gehört der Advent zu der Zeit des Nachdenkens, wo ich mir überlegen soll, was ich in meinem Leben verbessern kann. Für einige gehört auch die heilige Beichte zum Advent. Vielleicht soll ich auch daran denken. Eine gute heilige Beichte ist was Schönes. Vielleicht könnte sie für mich ein neuer Anfang sein. Und dann kommt die Freude, weil nur, wenn ich alles zwischen mir und Gott, zwischen mir und meinen Nächsten geregelt habe, kann ich die Freude, die Harmonie bedeutet, genießen. Nur die Versöhnung, nur mein guter Wille, in Frieden mit den Anderen zu leben, kann mir die ungetrübte Freude bringen. Nur in dem Fall kann ich vollständig glücklich sein. Amen.

4. Adventsonntag

Liebe Schwestern und Brüder, schon am Abend des 24. Dezember wird Jesus Christus in der Mitte unserer Liturgie stehen. Jetzt am letzten Sonntag im Advent, stellt die Kirche uns die heilige Maria vor Augen. Sie ist die, die gesagt hat, dass sie die Magd des Herrn ist. Sie ist die, die Gott zu seinem Plan „ja" gesagt hat. Es war eine große Aufgabe, die Mutter Gottes zu sein, aber es war gleichzeitig eine große Ehre. Obwohl sie Mutter Gottes sein sollte, geht sie, wie wir im Evangelium gehört haben, zu ihrer Verwandten Elisabeth, die auch ein Kind erwartete. Obwohl sie so geehrt war, geht sie um zu dienen. Ehrlich gesagt war das ganze Leben Mariens das Dienen. Nach der Verkündigung des Engels Gottes hat sie ihre eigenen Pläne geändert. Seit dem Moment hat sie ihr Leben nach Gott und ihrem Sohn, Jesus, orientiert. In dem Dienst zu Gott hat sie den Sinn ihres Lebens entdeckt.

Es ist ein Paradoxum, aber es ist so, dass unser Leben nur in dem Fall Sinn hat, wenn wir es für andere opfern, wenn wir andere lieben, wenn wir den anderen dienen. Das ist wie mit einer Kerze. Wenn sie nicht angezündet wird, bleibt sie lange, aber dadurch erfüllt sie nicht ihre Aufgabe. Eine Kerze erfüllt nur ihren Sinn, wenn sie brennt. Sie bringt Licht, Wärme und gemütliche Atmosphäre. Ganz ähnlich ist es in unserem Leben, nur wenn wir in Liebe unser Leben opfern, bringen wir Licht, Wärme und gute Atmosphäre. Die Eltern können nur glücklich sein, wenn sie großzügig ihr Leben für ihre Kinder opfern. Sonst gibt es keinen Platz für Kinder und schon wenn sie zur Welt kommen, fehlt die Liebe. Wenn wir nach der Ursache für die Ehekrisen und Beziehungskrisen suchen, finden wir sie sicher im Mangel an der Liebe. Solange in meinem Leben Egoismus und Selbstsucht regieren, hat meine Ehe keine Chance auf eine Entwicklung der Liebe und im Endeffekt auf eine schöne glückliche Zukunft. In dem Fall zieht jeder auf seine Seite, und dann kommen Konflikte. Statt zu fragen: was kann ich bekommen, soll ich eher fragen: was kann ich geben. Und dann paradoxerweise bekomme ich viel mehr, als ich erwartet habe. Die Liebe kann man nicht verlangen. Die Liebe kann man nur schenken. Dann sind wir überrascht. Die schönsten Geschenke sind die unerwarteten Geschenke, die aus Liebe geschenkt sind. Wenn ich mit Liebe beschenkt bin, versuche ich auch meine Liebe zu schenken. Dann beginnt der schöne Kreislauf der Liebe. Manchmal haben wir zu wenig Mut, die Liebe zu zeigen, die Liebe zu schenken. Wir haben Angst, dass, wenn wir die Liebe opfern, für uns nichts übrig bleibt. Oft haben wir zu wenig Glaube, dass, wenn wir unser Leben opfern, wenn wir unsere Liebe schenken, wir viel mehr bekommen. Wir haben zu wenig Vertrauen. Oft gewinnt in uns der Egoismus und dort, wo Egoismus regiert ist kein Platz für Liebe. Die Heilige Maria ist für uns ein Vorbild. Durch ihr: „Mir soll geschehen nach deinem Wort“ hat sie „ja“ zu Gott gesagt. In dem „ja“ war das Opfer ihres Lebens. In dem Opfer war die Liebe zu Gott und zu seinem Sohn Jesus. Sie hat keine Angst gehabt, weil sie gewusst hatte, dass dem, der in Gottes Händen ist, nichts Schlimmes passieren kann. Der kann nur glücklich sein. Amen.

Christmette

Liebe Schwestern und Brüder, „Gloria in excelsis Deo, et in terra pax hominibus bonae voluntatis“- mit solchen Worten in Latein übersetzt haben die Hirten erfahren, dass Jesus, der Sohn Gottes, in die Welt gekommen ist. In Deutsch klingt das so: „Verherrlicht ist Gott in der Höhe, und auf Erden ist Friede bei den Menschen seiner Gnade.“ (genauer wäre: „Friede bei den Menschen, die guten

Willen haben.“) Vor mehr als 2000 Jahren haben die Engel die Frohe Botschaft des Friedens verkündigt. Durch die 2000 Jahre ist sie erklungen. Je nachdem, wie alt wir sind, haben wir mehr oder wenige Male diese Worte gehört. Das sind auch die Worte, die wir heute gehört haben. Es wäre nicht gut, wenn wir sie nur hören und vergessen, ohne eine Wirkung auszumachen. Ich habe die Worte schon oft gehört, oft gelesen, aber heuer habe ich sie viel tiefer verstanden. Heuer haben sie mit vollem Ton in meinem Herz geklungen. Ich habe viel nachgedacht, was das bedeutet. Was bedeutet, einen guten Willen zu haben? Wann kommt der Friede in mein Herz?

Viele sagen, dass die Stimmung der Weihnachten die Herzen erweicht, dass die Heilige Nacht eine besondere Nacht ist. In den Tagen, und besonders in der Nacht, ist alles anders, viel schöner, herzlicher, als in einem schönen Traum. Der Heilige Abend und die Nacht erweichen unsere Herzen. Vielleicht kann man das nutzen, um was Neues, Schönes in unserem Leben zu beginnen. Ich denke, das Kommen Jesu kann unsere Herzen ändern. Es ist allerdings vor mehr als 2000 Jahren passiert, aber die Wirkung kann man auch jetzt spüren. Nutzen wir die Möglichkeit gut, damit wir die Chance nicht verpassen. Mit seinem Kommen hat Jesus den Frieden gebracht. Niemand will mit Unruhe im Herz leben. In der Tiefe unseres Herzens wollen wir den Frieden, den Jesus mit seiner Geburt gebracht hat. Manchmal gibt es Dinge, die uns den Frieden stören oder sogar rauben. Das sind die Verletzungen, die ungeklärten Situationen, alte Ressentiments. Manchmal wollen wir das Problem schon erledigt haben, aber es ist schwierig den ersten Schritt zu machen. Die Angst lähmt unser Tun. Vielleicht brauchen wir manchmal einen Impuls. Vielleicht ist die Entscheidung schon in deinem Herz gefallen, dass du die Dinge ordnen willst. Jetzt braucht man das draußen zu zeigen und das auszusprechen. In allen Fällen ist es wichtig, was in deinem Herz jetzt und in den nächsten Tagen passieren wird. In deinem Herz triffst du die wichtigsten Entscheidungen, die du dann verwirklichst. In unserem Herz entstehen die guten und die bösen Gedanken und das Tun. Deswegen ist es sehr wichtig, dass in der geheimnisvollen Nacht das Gute in deinem Herz gewinnt. Wenn du schon heute den Mut hast, das zu ändern, das zu verbessern, was dich drückt, was dir die Freude raubt, mach das. Das können echt schöne Weihnachten sein, die dein Leben verbessern können. Wie der heilige Augustinus gesagt hat: „Wenn Essig in einem Metallbecher die Nacht hindurch bleibt, verdirbt er ihn. Ähnlich verdirbt der Zorn dein Herz.“ Können wir uns vorstellen, wie ein Herz aussieht, in dem viele Tage, Monate oder sogar Jahre Zorn und Böses wohnen? Es muss schrecklich ausschauen. Ich muss das auch verstehen: wenn ich böse auf jemanden bin, da schade ich mir selbst. Es ist notwendig, den „Essig“ des Zorns auszuschütten. Vielleicht ist die Heilige Nacht die schöne Möglichkeit. Wenn du noch nicht fertig bist, um die Hand als Verzeihungsgeste zu geben, versuch wenigstens in deinem Herz zu verzeihen. Wichtig ist die Entscheidung in deinem Herz. Dann ist dein zerstörender „Essig“ weg aus deinem Herz. Bevor du dann das den Menschen sagst, sehen sie das auf deinem Gesicht, weil das Gesicht ein Spiegel der Seele, des Herzens ist. Einen guten Willen zu haben ist die Bedingung des Friedens im Herzen. Wir dürfen auf keinen Fall die Möglichkeit der Heiligen Nacht verpassen. Das kann doch ein neuer Anfang sein. Nach den Worten vom heutigen Evangelium bekommen nur die Menschen, die den guten Willen haben, den Frieden im Herzen, und das wollen wir doch alle. Jesus ist gekommen, den Frieden den Menschen zu schenken: dir und mir, uns allen. Lassen wir uns durch die Heilige Nacht beeinflussen, bezaubern. Es ist wirklich schön, den Frieden im Herzen zu haben. Dann kommt auch die vollkommene Freude. Das wünsche ich dir und mir. Und dass der Friede und die Freude in unserem Herzen bleiben. Amen.

Christtag

Liebe Schwestern und Brüder, immer mehr Menschen holen für ihre persönliche Feier am Heiligen Abend das Friedenslicht, das aus Betlehem gebracht wurde und in den Städten und Dörfern unseres Landes verteilt wird. Das Licht aus Betlehem kommt von jenem Ort, wo Gottes Sohn Mensch geworden ist. Das ist die Botschaft, die wir überall auf der Welt feiern: Gottes Sohn ist Mensch geworden, einer von uns, als Kind von Betlehem. Für mich persönlich ist das ein Symbol. Ein kleines Licht aus Betlehem verbreitet sich in die ganze Welt, genau wie die Liebe und der Friede Gottes durch die mehr als 2000 Jahre. Er ist auch zu uns gekommen. Das Friedenslicht von Betlehem ist ein bedrohtes Licht, denn es ist immer in Gefahr, ausgelöscht zu werden. Es muss gehütet werden. Gestern in der Heiligen Nacht haben wir viel über den Frieden gesprochen. In manchen Herzen brennt das Licht des Friedens ganz stark, in anderen vielleicht ist das eine winzige Flamme einer kleinen Kerze. Man muss jetzt aufpassen, dass die Flamme der Liebe und des Friedens durch unseren Alltag nicht gelöscht wird. Dann kommen doch die normalen Tage, wo wir durch unsere Hektik, durch unsere Unaufmerksamkeit die Liebe verlieren können. Bemühen wir uns, dass das nicht passieren wird. Vor Weihnachten haben wir ein paar Tage mit Schnee und Frost gehabt, eine gemütliche Atmosphäre. Durch den Föhn ist jetzt alles vorbei. Für manche verdirbt es vielleicht die Stimmung und sogar Weihnachten. Ich hoffe, bei uns ist das nicht der Fall. Es wäre auch nicht gut, wenn alles von dem Schnee abhängig wäre. Zu Weihnachten feiern wir doch etwas Wichtiges, etwas

Dauerndes, etwas mehr Sicheres als Schnee. Nach ein paar Tagen kommt der Alltag. Lassen wir nicht zu, dass der Föhn des Alltags unsere schönen Erlebnisse zerstört.
Herr Pfarrer, das ist alles schön was Sie predigen, aber in unserem Leben ist das nicht so einfach. Das geht nicht so schnell, dass alle tiefen Verletzungen, jetzt an einem Tag geheilt werden. Es ist zu kompliziert, es ist gar nicht so einfach.
Wenn eine Kerze entzündet wird, dann erhellt diese Kerze niemals einen ganzen Raum. Eine Kerze ist kein Scheinwerfer, der alles ausleuchtet. Eine Kerze lässt immer auch zu, dass es noch Dunkelheit und Schatten gibt. Aber sie schenkt Orientierung, und um diese Orientierung geht es. Es ist wichtig, dass wir verstehen, dass nur durch Liebe, nur durch Frieden wir unsere Probleme lösen können. Es muss nicht so bleiben, wie das war, besonders wenn es nicht gut war. Es muss nicht so sein, dass wir unsere Probleme mit Gewalt lösen, dass wir die Kleinen und Schwachen, die sich nicht verteidigen können, zertreten. Wenn wir etwas in unserem Leben verbessern wollen, sollen wir uns durch die Flamme der Liebe entzünden lassen und dann das Licht schonen und es wachsen lassen. Und dann merken wir, dass das Licht aus Betlehem unser Herz geändert hat. Dann merken wir, dass das Licht auch unsere Nächsten geändert hat.
Das Licht von Betlehem ist eine Lichtquelle, das nicht nur Licht ist, sondern auch Wärme, Geborgenheit und Vertrauen schenkt. Das ist es, was unsere Welt heute braucht: Menschen, die mit der Wärme ihres Herzens Gemeinschaft und Vertrauen und Liebe zu anderen aufbauen. Wenn ich das Licht von Betlehem weiterreichen möchte, muss ich auf andere zugehen, in ihre Augenhöhe und in ihre Nähe. Der Friede wird durch die Nähe und vertrauende Begegnung weitergeschenkt. Die Hand wird nicht gereicht, um den anderen zu erdrücken oder um Gewalt auszuüben, sondern sie wird gereicht, um Vertrauen, Gemeinschaft und Licht zu schenken.
Das Licht von Betlehem ist die Erinnerung daran, dass in Jesus von Nazareth Gott als das Licht der Welt mit uns und für uns da ist. Wir bringen mit dem Licht von Betlehem Gott in die Herzen der Menschen und wir öffnen so das Tor der Hoffnung und Zukunft.
Auch wenn dann das Licht von Betlehem im Lauf der Zeit in der irdischen Laterne vielleicht wieder ausgehen mag, in euren Herzen, liebe Brüder und Schwestern, möge niemals das Licht Gottes erlöschen. Amen.

Fest der Heiligen Familie

Liebe Schwestern und Brüder, heutzutage sind wir Zeugen der großen Diskussion über die Institution der Familie. Jetzt, wo alle Werte in Frage gestellt worden sind, auch die der Familie, können wir uns überlegen, was für eine Bedeutung das heutige Fest der Heiligen Familie hat. Vielleicht soll schon die Kirche das Fest aus dem liturgischen Kalender streichen. Hört überhaupt jemand die leise Stimme der Kirche, die Liturgie, das Wort Gottes? Vielleicht sollen wir auch in diesem Bereich mit dem modernen Trend der ganzen Welt mitgehen und uns der Kritik der Institution Familie entziehen? Wenn aber unsere Kirche weiter das Fest der Heiligen Familie lässt, bedeutet das für mich: der Kirche ist das wichtig. Manche Menschen denken, das was die Bibel sagt, was die Kirche lehrt, ist ein Zwang für uns. Gott hat uns Menschen als freie Wesen geschaffen und Er will aber niemanden zwingen. Wenn Er uns die Gebote gegeben hat, will Er uns den besten Weg im Leben zeigen. Das ist nur ein Vorschlag, wie wir unser Leben gestalten können. Die Entscheidung liegt an uns. Gott, der Schöpfer der Welt, wollte mit uns die Macht der Schöpfung teilen. Er schenkt uns das Leben durch die Eltern. Die Eltern sind berufen, damit sie, die große Aufgabe, das Leben weiterzugeben, mitwirken. Gott hat das so geplant, dass ein neues Leben, ein Kind durch die Atmosphäre der Liebe der Eltern entsteht. Das neue Leben ist eine Gabe Gottes, die durch die Liebe der Eltern, durch gegenseitiges verschenken, entsteht. Obwohl es nicht immer stimmt, obwohl das schöne Geschenk Gottes manchmal missbraucht wird, ändert das nicht den Fakt, dass der Plan Gottes gut war und gut ist. Wo kann ein Kind einen besseren Platz haben, wenn nicht in einer liebevollen Familie, wo das Kind Platz für seine Entwicklung findet und die Eltern das Kind grenzenlos lieben. Die Eltern stehen im Dienst des Lebens. Auch wenn das Kind nicht geplant war, ist es ein Zeichen der Liebe Gottes, wenn es die Eltern trotzdem mit Liebe annehmen. Maria und Josef haben sicher eigene Pläne gehabt. Sie wollten auch eine Familie aufbauen und eigene Kinder haben. Gott hat aber der Heiligen Maria was anderes vorgeschlagen. Sie sollte Mutter für den Sohn Gottes sein. Sie hat „ja" zu Gott gesagt. Der Heilige Josef hat das „ja" von Maria akzeptiert. Sie haben sich Gott zur Verfügung gestellt. Sie haben ihr Leben dem Plan Gottes untergeordnet. Sie haben den Dienst für das neue Leben übernommen. In dem Dienst des Lebens stehen auch die Eltern, wenn sie „ja" sagen zu neuem Leben. Ein neues Leben zu erwecken, pflegen und dann schützen, ist eine schöne Aufgabe. Schöne Aufgabe bedeutet nicht immer leichte Aufgabe. Die Eltern wissen das viel besser als ich, besonders wenn die Kinder sehr weit von den Vorstellungen der Eltern entfernt sind.

Das Fest der Heiligen Familie ist eine Gelegenheit, Gott zu danken für die Gabe des Lebens. Es ist auch eine Gelegenheit, unseren Eltern zu danken, für das Geschenk des Lebens und für alles, was sie für uns gemacht haben. Ein schönes Dankeschön wäre auch ein Gebet für unsere Eltern. Amen.

Weihnachten 2. Sonntag

Liebe Schwestern und Brüder, persönlich liebe ich die Adventzeit mit der Ruhe und Erwartung. Dann kommt Weihnachten, für viele von uns eine hektische Zeit. Die Einkäufe, die Vorbereitung der Geschenke, das Aufräumen, und dann die schöne Stimmung des Heiligen Abends und Christtags. Es ist sehr schön, die Atmosphäre, die Stimmung, wo viele Menschen viel herzlicher sind als sonst. Jetzt kommt die Zeit, wo wir ein bisschen ruhiger sein können. An dem zweiten Weihnachtssonntag stellt uns die Kirche den Anfang des Johannesevangeliums vor. Es ist nicht leicht zu verstehen. Der heilige Johannes hat in dem Evangelium eine Tiefe Theologie geäußert. Er war doch der Jünger, der Jesus besonders nahe stand. Er war doch beim Tod Jesu und dann als Zeuge im Grab. Er hat vielleicht alles mehr mit dem Herzen verstanden. Ihm geht es weniger um die Ereignisse des Lebens Jesu. Ihm geht es mehr um die Theologie, um das Verstehen, dass Jesus der Sohn Gottes ist. „Im Anfang war das Wort…“ so beginnt er sein Evangelium. Das ist ähnlich wie der Anfang der Bibel, die mit „ Im Anfang schuf Gott Himmel und Erde“ beginnt. Der Ausdruck: „Wort“ bedeutet im Johannesevangelium “Sohn Gottes“. Der Sohn Gottes war am Anfang, sogar bevor Himmel und Erde erschaffen worden sind. Der Sohn Gottes ist Gott. Er war am Anfang. Wenn wir die Geburt Jesu zu Weihnachten feiern, feiern wir die Menschwerdung Jesu, die Geburt Jesu als ein Mensch. Jesus, der Sohn Gottes, ist in menschlicher Gestalt zu uns gekommen. Als Sohn Gottes hat er keinen Anfang, wie Gott selbst keinen Anfang hat. Als Sohn Gottes ist er doch Gott. Er war bei der Schöpfung der Welt. Das, was Johannes am Anfang seines Evangeliums geschrieben hat, ist ein Grund der katholischen Lehre über Jesus, den Sohn Gottes. Gott hat Johannes das tiefe Geheimnis seines Lebens geoffenbart. In der poetischen Form hat er das Geheimnis der Existenz Gottes uns näher gebracht. Die großen Geheimnisse kann man meistens nicht mit Worten aussprechen. Im Großteil bleibt das auch für uns ein Geheimnis, wenigstens in diesem Leben. Dann schreibt Johannes. „Das Wort ist Fleisch geworden und hat unter uns gewohnt.“ Viele Menschen haben ihn nicht erkannt. Er wurde wie wir als ein Mensch geboren. Das ist das Geheimnis der Heiligen Nacht. Er wurde von vielen nicht erkannt. Das hat sich bis heute nicht geändert. Für viele Menschen ist Jesus nur ein Mensch. Für andere ein Lehrer, ein Moralist, der uns gezeigt hat, wie wir leben sollen. Für die nächsten ist er ein Beispiel eines guten Lebens voll Liebe zu allen Menschen, oder ein Freund. Das ist alles wahr, das gehört zum Bild Jesu Christi, aber das ist nicht alles. Der heilige Johannes hat uns hingewiesen, dass Jesus Christus vor allem der Sohn Gottes ist. Das ist auch eines der wichtigsten Dogmen unseres Glaubens. Es ist schwer zu verstehen, aber Gott erwartet nicht von uns, dass wir alles verstehen. Jede Weihnachten ist für uns eine Chance, wo wir das tiefste Geheimnis Gottes und seines Sohnes immer besser verstehen. Jesus ist als Mensch gekommen, damit die Menschen ihn sehen können. Wir sollen versuchen, hinter der menschlichen Gestalt die Person des Sohnes Gottes zu sehen, der zu uns als Mensch gekommen ist, um uns Menschen zu sagen, dass Gott uns sehr liebt und er will, dass wir glücklich sind. Er erhebt unsere menschliche Natur. Er nimmt uns als Kinder Gottes an. Das ist das Geheimnis der Weihnachten. Die Krippe und das Jesuskind können uns hinführen zu dem großen Geheimnis. Dann müssen wir einen Schritt weiter machen und in Jesus, der in Betlehem geboren ist, den Sohn Gottes entdecken und bekennen. Amen.

Hochfest der Gottesmutter Maria

Liebe Schwestern und Brüder, das Jahr 2018 ist schon die Vergangenheit. Vor uns steht ein neues Jahr 2019. Was wir erlebt haben, das wissen wir schon. Aber das, was im neuen Jahr kommt, ist ein großes Fragezeichen. Vielleicht machen wir uns schon heute Sorgen, was es bringt. Vielleicht machen wir uns Sorgen um uns, um unsere Nächsten, wie wird das neue Jahr für uns. Die Kirche stellt uns am ersten Tag des Jahres die Gottesmutter Maria vor Augen. Sie hat großes Vertrauen in Gott. Obwohl alles, was Gott vorbereitet hat, für sie ein Geheimnis war, hat sie voll Vertrauen das Ungewisse angenommen. Wenn alles in Gottes Händen ist, kann nichts Schlimmes passieren. Liebe Schwestern und Brüder, das können wir vielleicht von der heiligen Maria lernen. Das große Vertrauen. Das brauchen wir alle. Ein neues Jahr ist ein neuer Beginn. Das Alte können wir abschließen und das Neue beginnen. Es ist ein schönes Gefühl, wenn wir überzeugt sind, dass alles in Gottes Händen ist, unser Leben, unsere Zukunft. Es ist schön, wenn wir wissen, dass die Gottesmutter Maria uns in ihre Obhut nimmt. Dann können wir mit Hoffnung in die Zukunft schauen. Dann ist es leichter, das Alte abzuschließen und das Neue zu beginnen.

Der Beginn des Jahres ist auch die Zeit der Wünsche. Manchmal sind unsere Wünsche banal: Ein Prosit Neujahr, einen guten Rutsch ins Neujahr. Es ist oft oberflächlich. Es wäre vielleicht gut, wenigstens ab und zu ein bisschen darüber

nachzudenken. Mit den Wünschen kann ich auch meine Liebe anderen schenken. Vielleicht nicht allen Menschen, die wir treffen, aber wenigstens unseren Nächsten.
Als Pfarrer kann ich sagen, dass ihr, liebe Brüder und Schwestern, meine Nächsten seid. Ich will euch auch was wünschen. Was kann ein Pfarrer wünschen: Ich wünsche euch vor allem den Frieden, besonders den innerlichen Frieden. Den Frieden, den Jesus mit seiner Geburt gebracht hat. Den Frieden, der uns voll Hoffnung in unsere Zukunft schauen lässt.
Ich wünsche mir und euch auch gute Augen, damit wir das Gute in den anderen Menschen sehen. In jedem Menschen gibt es das Gute. Manchmal wollen sie durch schlechte Erfahrung das nicht nach draußen zeigen. Sie sind zurückhaltend, weil sie schon oft verletzt wurden. Sie wollen sich das ersparen. Manchmal brauchen sie viel Liebe, die wir ihnen schenken, damit sie sich öffnen können um das Gute zu zeigen. Der Schlüssel zu den Herzen der Menschen ist die Liebe. Wenn wir liebevoll sind, also voll Liebe, weil wir das Glück hatten, viel Liebe erfahren zu haben, da können wir die Liebe weiter schenken. Denen, die zu wenig Liebe im Leben erfahren haben, wünsche ich, dass sie gute, liebevolle Menschen treffen, die ihnen die Liebe schenken können.
Wir alle können sicher sein, dass Gott uns liebt. Deswegen bitten wir am Anfang des Jahres Gott und die heilige Maria, die Mutter Jesu, um Segen und Gnade. Sie mögen uns schützen vor allem Bösen, damit wir glücklich und voll Freude das Jahr, das vor uns liegt, erleben dürfen und dann am Ende des Jahres Gott und Maria für das Jahr danken können. Amen.

Taufe des Herrn

Liebe Schwestern und Brüder, mein Vorschlag heute wäre, dass wir uns auf die Liturgie der Taufe konzentrieren. Die Gesten und Worte haben eigene Bedeutung. Ohne sie zu verstehen, bleibt die Taufe unklar und unverständlich. Am Anfang der Liturgie kommt der Priester zu den Eltern und fragt sie beim Eingang der Kirche, was sie von der Kirche erwarten. Da antworten die Eltern: die Taufe. Der Priester macht auf die Verantwortung der Eltern für die christliche Erziehung des Kindes aufmerksam. Mit der Bitte um die Taufe übernehmen die Eltern die Verantwortung für diese Erziehung. Es geht darum, dass die Eltern langsam dem Kind beibringen, was zu unserem Glauben gehört: das Gebet, die heilige Messe, die vielen Bräuche, die wir haben. In meiner priesterlichen Erfahrung ist immer das Schlimmste, wenn ich merke, dass die Kinder etwas in diese Richtung machen wollen, aber die Eltern das verhindern. Das Kind will in die heilige Messe kommen, es freut sich darauf, aber das Problem sind die Eltern. Warum? Das lasse ich den Eltern. Bei der Gelegenheit muss ich sagen, dass viele Eltern in unserer Pfarre die Verpflichtung ganz ernst nehmen und mit den Kindern in die Messe kommen. Liebe Eltern, obwohl vielleicht später nicht alle Kinder regelmäßig kommen, können sie in diesem Fall ruhig sein, dass ihr diese Verpflichtung erfüllt habt. Der Glaube ist ein persönlicher Prozess, oft haben wir nur geringen Einfluss darauf, aber das dürfen wir auf keinen Fall versäumen. Das ist die Verantwortung für die Kinder. Danach lädt der Priester die Eltern und alle Gäste ein, zum Taufbecken zu kommen. In einer Prozession folgen sie dem Priester nach. Ich sehe in dem ein Symbol: ich, als Vertreter unserer Kirche, führe das Kind in die Gemeinschaft der Kirche hinein. Wir sammeln uns um das Taufbecken herum. Als der verstorbene Papst Johannes Paul II. in seiner Kirche, wo er getauft worden ist, war, ist er bei dem Taufbecken gekniet und hat gesagt, dass hier alles begonnen hat. Für uns beginnt da auch unser christliches Leben. Nach dem Wortgottesdienst kommt die Taufe. Die Eltern, stellvertretend für das Kind, bekennen den Glauben an Gott. Dann bekommt das Kind die Taufe im Namen Gottes des Vaters, des Sohnes und des Heiligen Geistes. Das ist der wichtigste Moment der Liturgie. Nach der Taufe salbt der Priester den Kopf des Kindes mit Chrisam. Chrisam ist Öl. Die Könige in Israel haben durch eine solche Salbung ihre königliche Würde bekommen. Ähnlich sind die Kinder durch die Taufe Kinder Gottes geworden. Ein Kind Gottes zu sein ist doch eine große Würde. Um die Reinheit der Kinder nach der Taufe zu betonen, bekommen sie ein weißes Kleid. Die Taufe wäscht uns doch von der Erbsünde rein. Danach zündet, meistens der Vater, die Taufkerze von der Osterkerze an. Die Osterkerze symbolisiert Christus den Auferstandenen. Wir zünden unseren Glauben von Christus an, weil er die Quelle des Glaubens ist. Dann kommen die schönen Worte, die wieder die Verantwortung der Eltern für die Begleitung im Prozess des Glaubens betonen. Danach kommen alle zum Altar, der die Quelle unseres christlichen Lebens ist. Auf dem Altar feiern wir doch die heilige Messe, die Quelle und Höhepunkt unserer Liturgie ist. Alles endet mit einem Segen der Mutter, des Vaters und allen Anwesenden. Liebe Brüder und Schwestern, unsere Liturgie enthält Symbole, die voll Inhalt sind. Wir sollen uns bemühen, sie zu verstehen, sonst wird die Liturgie nur Zusammenhang von Gesten und Worten, die uns nichts sagen. Nur wenn ich mich bemühe, alles zu verstehen und aktiv teilzunehmen, kann die Wirkung der Liturgie in mir Früchte bringen. Amen.

FASTENZEIT und OSTERN

Aschermittwoch

Liebe Schwestern und Brüder, am Anfang unserer Fastenzeit will ich euch ein paar Gedanken mitteilen, damit wir langsam in die Fastenzeit eingehen können. „Kehrt um zu mir von ganzem Herzen mit Fasten, Weinen und Klagen. Zerreißt eure Herzen, nicht eure Kleider, und kehrt um zum Herrn, eurem Gott!"- haben wir heute in der ersten Lesung gehört. Mit diesen Worten will uns der Prophet Joel und dadurch auch unserer Kirche etwas sagen. In Polen ist der Aschermittwoch sehr beliebt, besonders bei den Menschen, die von Osten eingewandert sind. Die Kirchen sind meistens voll. Manche haben sogar die Asche nach Hause genommen. Manche Priester haben gescherzt, dass das für einige Menschen das achte Sakrament ist. Einerseits war das ein schönes Erlebnis, wenn die Kirche voll war, obwohl weder Sonntag noch Feiertag war. Andererseits habe ich mir immer Gedanken gemacht, inwiefern ist den Menschen die Symbolik des Tages klar? Ist das nur ein Brauch, oder kommen die Menschen ganz bewusst? Liebe Schwestern und Brüder, ihr seid auch gekommen. Das freut mich sehr als Pfarrer. Meine Aufgabe ist, euch aufmerksam zu machen, auf die Bedeutung des Tages, damit wir noch bewusster die Fastenzeit beginnen. Wie der Prophet Joel gesagt hat: „Kehrt um zu Gott von ganzem Herzen...Zerreißt eure Herzen, nicht eure Kleider." Die Kleider sind was Äußerliches. Wenn der Prophet sagt, dass wir unsere Herzen zerreißen sollen, bedeutet das für mich was Inneres. Ich muss nach innen, also in mein Herz hineinschauen. Was ist eigentlich Gutes und was ist Böses in meinem Herzen. Nach der Predigt bekommen wir das Aschenkreuz. Durch das äußerliche Zeichen wollen wir zeigen, dass wir bereit sind, uns zu bekehren. Unsere Bekehrung soll als äußerliches Zeichen sichtbar sein. Viele Menschen machen in diesen Fastentagen Vorsätze. Die sind ja doch unterschiedlich. Mein Vorschlag als Pfarrer wäre für heuer: unsere Beziehungen zu unseren Nächsten zu analysieren. Jeder von uns hat seine Nächsten, Menschen, die uns wichtig sind, Menschen, mit denen wir viel Zeit verbringen. Durch den Alltag geht oft alles langsam schief. Wir denken nicht nach, durch unser Benehmen löschen wir manchmal die schöne Liebe, die uns mit unseren Nächsten verbindet. Manchmal verletzen wir dadurch unbewusst unsere Nächsten. Nehmen wir uns bitte jetzt ein bisschen Zeit, um nachzudenken und uns zu fragen: was kann meine geliebte Person verletzen? Wie kann ich meine Beziehung verbessern? Und dann, bevor wir das Aschenkreuz bekommen, sagen wir was wir ändern wollen, woran wir arbeiten wollen, damit die Liebe zu unseren Nächsten wächst. Vielleicht wird dann in der Osternacht eine Auferstehung unserer Liebe geschehen. Was könnten wir uns besseres wünschen?

1. Fastensonntag

Liebe Schwestern und Brüder, die Kirche hat in der Liturgie das so vorgesehen, dass die zwei Lesungen und das Evangelium am Sonntag immer eine Einheit bilden. Meistens ist auch in den drei Bibelstellen eine Hauptidee. Beim Vorbereiten der Predigt habe ich nachgedacht, welche Idee das sein kann. Im Evangelium haben wir die bekannte Szene der Versuchung Jesu. Unter den drei Versuchungen ist die zweite sehr interessant. Der Teufel sagte zu Jesus: „Wenn du dich vor mir niederwirfst und mich anbetest, werden dir alle Reiche der Erde gehören.“ Äußerlich gesehen, hat der Teufel nicht zu viel erwartet, für „alle Reiche der Erde“, trotzdem ist das die schlimmste Versuchung. Wenn Jesus das gemacht hätte, hätte er zugestimmt, dass nicht Er, Sohn Gottes und Gott, sondern der Teufel die höchste Person ist. Deswegen sagte Jesus: „In der Schrift steht: Vor dem Herrn, deinem Gott, sollst du dich niederwerfen und ihm allein dienen.“ Jetzt können wir zur ersten Lesung kommen, wo Mose betonte, dass Gott, der die Israeliten aus der Gefangenschaft in Ägypten befreite, der einzige Gott ist. Dem Gott sollen sie dienen.
In der zweiten Lesung haben wir gehört: <Wenn du mit deinem Mund bekennst: „Jesus ist der Herr“ und in deinem Herzen glaubst: „Gott hat ihn von den Toten auferweckt“, so wirst du gerettet werden.>
Jetzt kommen wir zur Sache. In den drei Bibelstellen ist die Idee aufgetaucht, dass es nur einen einzigen Gott gibt, den wir ehren sollen. Das ist auch das erste Gebot: „Ich bin dein Gott...Du sollst neben mir keine anderen Götter haben.“ Warum das erste? Weil dieses Gebot das allerwichtigste ist. Manche werden sagen:“ Aber Herr Pfarrer, die Zeit, wo die Menschen die Götter verehrt haben, sind schon lange vorbei. Wir haben doch das 21. Jahrhundert.“ Ist das wirklich so, dass die Zeiten schon vorbei sind? Bist du sicher? Wir leben in einer Zeit, wo viele Menschen ihren christlichen Glauben verlassen. Andererseits suchen sie in den anderen Religionen oder Philosophien die Lücken auszufüllen. Man muss offen sagen: Für uns Christen gibt es keinen anderen Gott, es gibt keinen anderen Erlöser, außer Jesus Christus. In Ihm sollen wir unsere Erlösung suchen. Nicht mit Pendeln, nicht in den Edelsteinen, nicht irgendwo in einer Philosophie, wo meistens eine geheime Lehre dahintersteckt, die sehr weit von unserer Mentalität entfernt ist. Viele von uns können sich an die Zeit erinnern, wo wir, bevor wir außer Haus

gegangen sind, mit Weihwasser ein Kreuzzeichen auf die Stirn gemacht haben, wo das Kreuz im Herrgottswinkel hing, wo wir vor einer Reise, vor einer wichtigen Entscheidung oder Prüfung gebetet haben. Heutzutage passiert es, dass wir statt des Rosenkranzes in der Hosentasche, Steine oder Medaillons, die uns Glück bringen sollen, mittragen. Statt Gebetsatmosphäre zünden wir Räucherstäbchen an, damit wir eine gute Atmosphäre haben. Statt Exerzitien oder Einkehrtage, wo Jesus im Zentrum wäre, nehmen wir an verschiedensten Kursen teil, wo wir nicht wissen, was dahinter steckt. Im Namen der Freiheit verlassen manche Gott, und langsam neigen viele ihren Kopf vor anderen Dingen, statt sich vor Gott zu werfen. Natürlich ist das nicht so spektakulär, aber langsam wachsen vor uns die kleinen Götter, die im Laufe der Zeit unseren Gott verdrängen. Übertrieben? Wenn schon, dann nur, damit wir die Gefahr merken. Liebe Schwestern und Brüder, wir müssen aufpassen, damit wir unseren Gott nicht aus den Augen verlieren.

Bevor du nach Hause gehst, frag dich: Glaube ich an Gott? Ist Gott an der ersten Stelle in meinem Leben? Wenn ich in der Not bin, wo gehen meine ersten Gedanken hin? Wenn ich krank bin, glaube ich, dass Gott mir helfen kann? Habe ich mein ganzes Vertrauen in Gott?

Liebe Schwestern und Brüder, die Fastenzeit ist die Zeit, wo wir innerliche Ordnung machen sollen. Vielleicht sollen wir auch eine Ordnung machen, wenn es um unsere Werte geht. Als Christen sollen wir wieder Gott an die erste Stelle stellen. Dann brauchen wir nirgendwohin gehen, weil wir alles bei unserem Gott finden können.

<Wenn du mit deinem Mund bekennst: „Jesus ist der Herr“ und in deinem Herzen glaubst: „Gott hat ihn von den Toten auferweckt“, so wirst du gerettet werden.>

Amen.

2. Fastensonntag

Liebe Schwestern und Brüder, „Unsere Heimat ist im Himmel. Von dorther erwarten wir auch Jesus Christus, den Herrn, als Retter, der unseren armseligen Leib verwandeln wird in die Gestalt seines verherrlichten Leibes, in der Kraft, mit der er sich alles unterwerfen kann.“ Diese Worte haben wir heute in der zweiten Lesung gehört. Sie sind voll Trost und Hoffnung. Obwohl wir jetzt die Fastenzeit erleben, sollen wir nicht in der Traurigkeit versinken. Ich weiß nicht, ob ihr das schon gemerkt habt, aber die Kirche nennt die Fastenzeit die Zeit der Gnade, nicht die Zeit der Tränen, der Traurigkeit. Die Zeit ist anders als der Fasching, aber auf

keinen Fall sollen wir traurig sein. Ernst bedeutet nicht traurig. Wir sollen nur unser Leben mit größerer Aufmerksamkeit betrachten.
Am zweiten Fastensonntag bringt uns die Kirche die schöne Szene von dem Berg Tabor vor Augen. Jesus nimmt die drei Apostel auf den Berg mit, um ihnen etwas zu zeigen und dadurch etwas zu sagen. Ihm ist bewusst, dass er leiden muss und getötet wird. Er wollte seine Jünger darauf vorbereiten. Er wollte ihnen zeigen, dass das Leiden und der Tod nur eine kurze Episode in seinem Leben ist. Das Ziel ist die glorreiche Auferstehung. Die sollen sie nie aus den Augen verlieren, sogar, wenn sie Jesus schrecklich am Kreuz leiden sehen. Es wird nur eine kurze Zeit sein. Die Herrlichkeit wird ewig dauern. Das hat sicher die Apostel im Glauben und in der Hoffnung gestärkt. Sie haben das bestimmt gebraucht für die schwierigen Momente im Leben. Wir brauchen das auch. In unserem Leben scheint nicht immer die Sonne. Manchmal kommen auch düstere Wolken, oft dauert das sehr lange. Es gibt schöne Abschnitte in unserem Leben, aber auch schwierige. Wir sollen uns einen „Berg Tabor" suchen, wo wir mit Gott, mit Jesus, eine schöne Zeit haben. Es kann ein Gebet sein. Es kann die heilige Messe sein. In solchen Momenten sollen wir unsere Kräfte sammeln, damit wir in den schwierigen Momenten genug Kraft und Hoffnung haben. Wir sollen unseren „Berg Tabor" suchen, wohin wir gehen können, wenn uns die Not drängt, wenn wir keinen Ausweg in Sicht haben. Wir sollen unseren „Berg Tabor" finden, wo wir in der Ruhe und in der Stille Gott begegnen können und dort die Kraft schöpfen für die Zeit, wo wir bedrückt sind.
Die Apostel sind nicht auf dem Berg Tabor geblieben, sie sind zurückgekommen, aber dann haben sie alles aus einer anderen Perspektive gesehen. Das gleiche betrifft uns. Das Gebet, die heilige Messe, ist für uns ein Erlebnis mit Gott, aber wir müssen vom Gebet zu unserem täglichen Leben zurückkehren und den Problemen gegenüber stehen. Das Erlebnis der Nähe Gottes hilft uns aber, unsere Probleme anders zu sehen, aus der Perspektive Gottes.
Das heutige Evangelium ist eine Vorschau auf Ostern, damit wir den Weg mit Jesus Christus durch das Leiden in der Hoffnungsperspektive einer persönlichen Begegnung mit dem Auferstandenen bestehen.
Wenn wir das Vertrauen haben, dass wir im Gebet Gott begegnen können, können wir auch sicher sein, dass wir die seelische Kraft bekommen, die uns hilft, unseren persönlichen Leidensweg durchhalten zu können. Das wünsche ich euch und mir selbst. Amen.

3. Fastensonntag

Liebe Schwestern und Brüder, ein schwieriges Evangelium haben wir heute gehört. Es geht um zwei Ereignisse. Eines ist ein Massaker im Tempel, das die Römer unter den Pilgern aus Galiläa durchgeführt haben. Die Galiläer wollten Gott ein Opfer darbringen, und die Römer haben sie dabei getötet, wahrscheinlich als verdächtige Attentäter. Die zweite Tragödie war der Unfall beim Umbau eines Turmes. Dabei sind auch Menschen ums Leben gekommen. Zu Jesus sind dann Leute gekommen, um ihm darüber zu berichten. Da können wir vermuten, dass dabei auch eine Frage war: „Warum haben die Pilger im Tempel ihr Leben verloren?" Wenn etwas Schlimmes im Leben passiert, kommt oft die Frage: „Ist das vielleicht die Strafe Gottes für die Sünden?" Jesus nutzt die heutige Situation, um aufmerksam auf einige wichtige Dinge zu machen. Jesus sagt ganz offen, dass die Opfer der Ereignisse auf keinen Fall von Gott bestraft waren. Sie waren nicht die schlimmsten Sünder. Die anderen Menschen haben genau so gesündigt. Dann kommen die scharfen Worte Jesu: „Ihr alle werdet genauso umkommen, wenn ihr euch nicht bekehrt". Obwohl Jesus das zu den damaligen Menschen gesagt hat, denke ich mir, dass wir nicht die Aussage Jesu übergehen sollen, ohne nachzudenken. Es hat auch einen Sinn, dass uns die Kirche das Evangelium in der Fastenzeit vorgibt. Die Fastenzeit ist doch die Zeit der Bekehrung. Sie ist immer die Möglichkeit, damit wir unser Leben besser anschauen, und wenn wir etwas Falsches finden, auch bereit sind das zu ändern. Wir hören über viele Katastrophen, Tragödien, wo Menschen ums Leben kommen. Statt zu fragen, ob das nicht eine Strafe für die bösen Taten ist, sollen wir vielleicht nachdenken. Nachdenken, ob ich schon bereit bin, Gott zu treffen. Falls ich unter den Opfern wäre, könnte ich sagen: ich bin bereit vor Gott zu kommen und zu sagen: mein Leben ist in Ordnung. Ich habe in meinem Leben die Liebe Gottes und die Menschenliebe gut gelebt. Ich habe niemanden, mit dem ich nicht versöhnt bin. Es geht nicht um zu drohen, es geht um vernünftig zu sein, um rational nachzudenken. Viele Menschen denken so: ich bin jung, ich habe noch Zeit, jetzt nutze ich das Leben. Wenn ich alt werde nehme ich den Rosenkranz in die Hand, und dann werde ich beten. Dann werde ich nicht mehr sündigen. Jetzt muss ich mein Leben ausnutzen. Das Leben als Gottes Geschenk zu genießen ist was anderes als das Leben auszunutzen, ohne Rücksicht auf andere Menschen und Gottes Gebote zu nehmen. Noch einmal will ich das betonen: ich will niemanden in die Angst führen, niemandem drohen, aber als Pfarrer bin ich verpflichtet die ganze Wahrheit, die im Evangelium ist, euch zu sagen, nicht nur die Bibelstellen wo ich euch streicheln kann. Wenn ich es so gemacht hätte, würde ich die Verantwortung auf mich genommen haben. Darüber spricht auch Jesus im heutigen Evangelium. Der heilige Lukas, der viel über die Barmherzigkeit Gottes betont hat, hat auch die heutigen Worte Jesu in sein Evangelium hineingebracht. Er hat das nicht verschwiegen. Ich darf das auch nicht verschweigen. Bekehrung ist doch ein wichtiges Thema der Lehre Jesu. Bekehrung ist auch ein Thema in der Fastenzeit. Heute haben wir auch das Gleichnis über den Feigenbaum, der keine Früchte gebracht hat. Dem Baum ist eine bestimmte Zeit gelassen und eine neue Chance gegeben. Gott lässt auch uns Zeit. Liebe Schwestern und Brüder, nutzen wir bitte auch die Zeit um nachzudenken. Vielleicht soll man auch in unserem Leben was ändern. Eine gute Änderung, eine Bekehrung ist doch was Schönes in unserem Leben. Wenn wir verstehen, dass wir falsch gegangen sind und dann den richtigen Weg gehen, erleben wir dann Freude. Freude, dass wir was verstanden haben, Freude, dass wir näher Gott sind, Freude, dass wir besser zu unseren Mitmenschen sind. Amen.

4. Fastensonntag

Liebe Schwestern und Brüder, das Evangelium von dem letzten Sonntag hat uns eindeutig zur Umkehr gerufen. Wenn wir eine Bekehrung erleben wollen, müssen wir am Anfang sehen, was wir falsch gemacht haben. Manchmal ist es eine bittere Entdeckung, wenn ich sehe, dass ich gesündigt habe, dass ich eine falsche Richtung im Leben gegangen bin. Ist das wirklich notwendig, unsere Sünden zu sehen? Vielleicht wäre es besser, die Augen zumachen und leben als ob wir keine Sünden begangen hätten, als ob alles in Ordnung wäre. Nach dem, was wir im Evangelium vor einer Woche gehört haben, ist das nicht der richtige Weg. Wir sollen unbedingt unser Leben prüfen und wenn nötig, es auch ändern. Jetzt kommt vielleicht die Frage: wozu sollen wir eigentlich unsere Sünden sehen. Um zu wissen, dass wir schlimme Menschen sind und dann vor Zweifel zu versinken? Um auf dem Boden meiner Kraftlosigkeit liegen zu bleiben? Sicher nicht! Das wäre entmutigend. Wenn ich sehe, dass ich schwach bin, wenn ich meine Fehler sehe, habe ich die Chance aufzustehen und neu zu beginnen, wie der verlorene Sohn aus dem heutigen Evangelium. Unser lieber Gott ist wie der Vater aus dem Gleichnis. Er ist der, der uns immer liebt, auch wenn wir, wie der Sohn, weit weg von ihm gegangen sind. Auch wenn wir auf dem Boden im Dreck unserer Sünden liegen. Er ist der, der uns sagt: steh auf, ich will dich umarmen. Ich kann das nicht sehen, wenn du auf dem Boden liegst. Du sollst aufstehen. Ich habe sehr gelitten, als du durch deine Sünden weggegangen bist und niedergefallen bist. Für mich warst du immer ein wertvoller Mensch, den ich allezeit geliebt habe. Du warst immer für mich wie ein Sohn. Das war mein innerster Wünsch, dass du nachdenkst und wieder zu mir kommst. Ich wollte dich bei mir behalten, aber ich habe dir die Freiheit geschenkt, die ich dir nie wegnehmen will. Ich habe sehr gelitten aber jetzt bin ich froh, dass du viel verstanden hast, dass du mich nicht vergessen hast, dass du den Weg zu mir gefunden hast. Und vor allem, dass du wieder bei mir bist. Ich habe nur Angst gehabt, dass du die Hoffnung verlierst. So ist unser lieber Gott. Jemandem zu zeigen, dass er Fehler gemacht hat, dass er so schlimm ist, dass er so viel gesündigt hat, ohne ihm gleichzeitig die Hoffnung auf Neubeginn zu geben, hat nichts mit der Liebe zu tun. Jemandem zu helfen von den Sünden aufzustehen, jemandem Hoffnung auf einen Neubeginn zu zeigen und ihm helfen besser zu sein, das ist die wahre Liebe. So liebt uns Gott. Ein solches Bild von Gott hat uns sein Sohn Jesus hinterlassen. An einen solchen Gott will ich glauben, weil ich weiß, dass Er mich immer liebt, auch wenn ich ein sündiger Mensch bin. Er streckt immer seine Hand mir zu, damit ich von meinen Sünden aufstehen kann und ein neues Leben beginnen kann. Ich brauche mich nicht zu schämen, dass ich so schlimm bin, ich brauche nur die Hoffnung haben, dass Gott mich liebt, und ich kann immer neu beginnen. Amen.

5. Fastensonntag

Liebe Schwestern und Brüder, es gibt ein Sprichwort, das sagt, dass wir die alten Koteletten nicht ständig aufwärmen sollen, sondern was Neues kochen. Ich habe auch eine noch direktere Aussage gehört: „Die Leiche soll man begraben, nicht aufwärmen.“ Trotzdem gibt es Menschen, die sich von der Vergangenheit nicht trennen können und keinen Schritt weiter gehen, weil sie mit dem Ausgraben und der Analyse der Vergangenheit ständig beschäftigt sind. Es gibt auch Menschen, die immer nach vorne schauen, die immer was Neues sehen, die immer neue Ziele setzen. Persönlich schließe ich mich lieber den Menschen an, die eher in die Zukunft schauen und immer neue Ziele vor Augen haben. Das passt zu der Paulusaussage aus der heutigen Lesung: „Ich vergesse, was hinter mir liegt, und strecke mich nach dem aus, was vor mir ist.“ Und was liegt hinter ihm, das er absichtlich vergisst? Das ist die Vergangenheit, wo er ein Pharisäer war, wo er für das Judentum gekämpft hat. Er hat doch der Hinrichtung des Heiligen Stephanus zugestimmt, überzeugt, dass es das Richtige war. Dann nach der Erscheinung Jesu Christi hat er sein Leben geändert und ein ganz neues Leben begonnen. Er versteht sich selbst als ein von Christus Ergriffener, Bewegter. „Seinetwegen habe ich alles aufgegeben und halte es für Unrat, um Christus zu gewinnen.“ Unrat, Dreck, Mist brauchen wir nicht im Leben mitschleppen. Die Vergangenheit sieht er als was

Belastendes, von dem man sich befreien soll, wenn man mit Christus ein neues Leben beginnen will. Wenn wir auf Christus zugehen, kann jeder Blick auf vergangene Schuld zurück, um sich darüber zu grämen, nur schaden, denn sie ist verziehen. Das ist auch im Sinne des Evangeliums: „Geh und sündige nicht mehr", haben wir heute im Evangelium gehört. Die Apostel haben auch die Vergangenheit hinter sich gelassen und sind Jesus nachgefolgt. Das ist auch im Sinne des Evangeliums, die Vergangenheit zu verlassen und was Neues zu beginnen. Es gibt aber Menschen, die das nicht können, die die Vergangenheit nicht zurücklassen können, die nicht verzeihen können, die nicht vergessen können, die immer bereit sind, die alten Fehler zu zählen und Vorwürfe zu machen, die in der Bitterkeit der Verletzung und der Vergangenheit so verbohrt sind. Haben sie eine Chance, neu zu beginnen? Haben sie eine Chance, das Alte hinter sich zu lassen und in die Zukunft zu schauen? Das ist aber notwendig, wenn wir was Neues beginnen wollen, wenn wir neue Schöpfung sein wollen, wenn uns die Fastenzeit und Ostern was bringen soll, wenn wir wirklich authentische Christen nach dem Evangelium sein wollen. Vor dem Paschafest haben die Juden das alte Brot entsorgt, um das neue Brot zu backen. Es ist ein Sinnbild für uns Christen. In der Osternacht segnen wir eine neue Osterkerze, ein neues Wasser, weil wir was Neues beginnen wollen. Wenn ich Ostern gut feiern will und mich ändern will, muss ich den Mut haben, neu zu beginnen und nicht ständig das Alte auszugraben. Das wünsche ich euch und mir. Amen.

Gründonnerstag

Liebe Schwestern und Brüder, voriges Jahr habe ich am Gründonnerstag über die Eucharistie gepredigt. Heuer will ich mich auf das Priestertum konzentrieren. Als ich letzte Woche in Israel war, haben wir in einem Hotel am See Genezareth gewohnt. Am Abend bin ich oft mit meinem Brevier am Ufer entlang gegangen. Da habe ich an Jesus und an seine Jünger gedacht. Er hat doch die Apostel an diesem See berufen. Wie war das damals? – wollte ich mir vorstellen. Sie haben dem Wort Jesu zugehört. Sie haben alles zurückgelassen und sind Jesus nachgefolgt. Dann habe ich auch nachgedacht, wie das bei mir war. Die Apostel waren die ersten Priester. Fast zweitausend Jahre nachher bin ich auch Priester geworden. Wie sieht heutzutage die Berufung aus? Wie sieht das Priestertum jetzt aus? Es hat sich durch die Zweijahrtausende viel geändert. Es wäre aber nicht gut, wenn sich die wesentlichen Aufgaben geändert hätten. Vielleicht ist das heute die Gelegenheit, uns selbst zu fragen: welche sind die allerwichtigsten Aufgaben eines Priesters? Wozu brauchen wir eigentlich die Priester? Jeder von uns hat vielleicht eine andere Vorstellung. Meiner Meinung nach, ist die Hauptaufgabe der Priester, die Menschen für Jesus zu gewinnen, durch die Verkündigung des Evangeliums und die Sakramente. Also, wir brauchen die Priester, damit sie das Wort Gottes verkünden und uns die Sakramente spenden. Nach dem Wunsch des Papstes Benedikt XVI. ist heuer das Jahr des Priesters. Das Priestertum, auch in Österreich, erlebt eine bestimmte Krise der Identität. Es ist ein Fakt, dass jeder dritte Priester in Österreich ein Ausländer ist. Unsere Pfarre ist auch ein Beispiel. Warum ist es so? Ist das Priestertum nicht mehr attraktiv? Oder gibt es andere Gründe? Deswegen finde ich die Idee des Papstes sehr gut. Als ich nach Österreich gekommen bin, habe ich den Unterschied zwischen dem Priestertum in Polen und in Österreich sehr schnell gemerkt. Damals habe ich viel überlegen müssen: ein neues Land, neues Denken, neues Verstehen der Aufgaben des Priesters. Wenn ich nicht weiß, was richtig ist, wende ich meine Gedanken zu meinem Kardinal, oder zu meinem Papst. Nachdem ich dem Herrn Kardinal einmal meine Prioritäten vorgestellt habe, hatte ich den Eindruck, dass sie anerkannt worden sind. Das war für mich ein großer Trost und Unterstützung in meinem Tun. Er ist es doch, der für unsere Diözese verantwortlich ist. Abgesehen davon, ist es interessant, dass der Papst als Patron des Priesterjahres den heiligen Johannes Maria Vianney, den Pfarrer von Ars ernannt hat. Warum eigentlich ihn? Er war doch konservativ nach heutiger Meinung. Beim Studium hatte er Schwierigkeiten in Latein und anderen Gegenständen, trotzdem, wegen seiner großen Frömmigkeit, wurde er zum Priestertum zugelassen und als Patron des Jahres der Priester gewählt. Obwohl er Schwierigkeiten beim Sprechen und Lernen hatte, sind tausende Menschen aus Frankreich nach Ars gefahren, bei ihm zur Beichte zu kommen. Er war viel bekannter als viele moderne Priester, die große Veranstaltungen machten. Warum hat der Papst doch gerade ihn gewählt? Meiner Meinung nach wollte uns der Papst etwas sagen. Was denn? Im Lebenslauf dieses Priesters kann man ein paar wichtige Dinge ganz eindeutig merken: nämlich die heilige Beichte, die Eucharistie, das Predigen und das Gebet, besonders vor dem Allerheiligsten Sakrament, also Anbetung. Angeblich hat er jeden Tag ca. 16 Stunden im Beichtstuhl verbracht, und dann hatte er auch noch Zeit fürs Gebet, für die Eucharistie und Predigten. Einfach gesagt: die Beichte, die Eucharistie als Sakramente und die Predigt als Verkündigung des Wortes Gottes und dazu das Gebet, waren die wichtigsten Aufgaben für ihn. Interessanterweise ist das genauso wie bei den Aufgaben der ersten Jünger und Apostel. Wenn ich also ein guter Priester sein will, der der Nachfolger Jesu und der Apostel ist, darf ich auf keinen Fall diese Aufgaben in meiner Tätigkeit vergessen, nämlich, die Verkündigung des Wortes Gottes, die Sakramente und das Gebet. In diese Richtung soll ich gehen. Diese Richtung soll meine

Orientierung sein. Die Erwartungen der Menschen einem Pfarrer gegenüber sind unterschiedlich. Ein Pfarrer als Manager, als guter Organisator, dem die Arbeit in der Pfarre wichtig ist, aber meine allerwichtigste Aufgabe ist es ‚die Verkündigung des Wortes Gottes, die Sakramente und das Gebet. Auf der Suche nach der Identität meines Priestertums darf ich das nie übersehen. Sonst verliere ich das Wesentliche, und das will ich nicht. Bei der Gelegenheit gibt es noch eine Frage an euch alle. Wie schätze ich einen Priester? Wie schätze ich das, dass ich fast jeden Tag an der heiligen Messe teilnehmen kann? Wie schätze ich einen Priester als Spender der anderen Sakramente? Der heilige Franziskus von Assisi, obwohl er heilig war, hat sich nicht gewagt, ein Priester zu werden, so hat er das Priestertum geschätzt. Also, wie schätze ich das Priestertum? Bei der Gelegenheit will ich Gott danken für die Gnade meiner Berufung, Priester zu sein. Obwohl nicht immer alles leicht war, obwohl ich manchmal nicht alles verstanden habe, was in meinem Leben passiert ist, bin ich zufrieden und glücklich, dass ich ein Priester geworden bin. Dafür will ich dem lieben Gott danken. Besonders heute, wo wir den Tag der Gründung der zwei Sakramente: Eucharistie und das Sakrament der Priesterweihe feiern. Amen.

Karfreitag

Liebe Schwestern und Brüder, bevor ich nach Israel geflogen bin, hat mich jemand gebeten, dass ich ihm einen kleinen Stein von der Via Dolorosa aus Jerusalem bringe. „Herr Pfarrer, wenn es mir dann schlecht geht, kann ich den Stein in die Hand nehmen und ihn an mein Herz drücken, dann geht es mir wahrscheinlich besser. Die Via Dolorosa ist ein Weg in Jerusalem, wo nach der Überlieferung Jesus mit dem Kreuz gegangen ist. Ich habe natürlich der Person das versprochen. Leider konnte ich das Versprechen nicht erfüllen. Für mich, als auch für viele andere, war die Via Dolorosa eine Überraschung. Es ist nur eine enge Gasse in Jerusalem, wo es links und rechts viele Geschäfte gibt, wo die Menschen kaufen und verkaufen, schöne und vielleicht schlimme Worte sprechen. Es war ganz anders als in meiner Vorstellung. Bei dem Kreuzweg hat es viele von uns gestört, dass uns der Lärm die Andacht und die Frömmigkeit rauben könnte. Ich habe aber gedacht: wahrscheinlich war es damals genauso bei dem letzten Weg Jesu auf den Berg Golgota. Menschen, die weiter ihre Geschäfte geführt haben, viele haben vielleicht Jesus verspottet. Sie haben wahrscheinlich gedacht, der nächste Verbrecher geht zum Platz des Todes. Viele andere haben sein Leiden überhaupt nicht bemerkt. Das wichtigste Ereignis unserer Erlösung in solchem Tumult und fast unbemerkt. Es war vielleicht die Tatsache damals. An alles kann man sich gewöhnen, auch an das Kreuzigen, wenn es fast jeden Tag passiert. Liebe Schwestern und Brüder, nach fast 2000 Jahren, kommen wir in die Kirche, um uns an das Ereignis zu erinnern. Wir wissen, dass das Leiden und der Tod Jesu nicht umsonst waren. Durch das Leiden, den Tod und die Auferstehung, hat uns Jesus die Erlösung verdient. Unsere Anwesenheit in der Kirche, unsere schönen Kreuzwege, sind ein Zeichen der Dankbarkeit für Jesus. Er hat gelitten, er ist gestorben, um uns die große Liebe zu zeigen. Ich bin überzeugt, dass jeder von uns ein Kreuz im Leben zu tragen hat. Es sind unsere Krankheiten. Es sind unsere Verletzungen. Es sind unsere Enttäuschungen von unseren Nächsten. Das tut besonders weh. Es sind zerstörte Beziehungen und Ehen. Es ist der Mangel an Liebe und viele andere Sachen, die wir als schwere Last in unserem Leben tragen. Das drückt unsere Schultern. Das beugt uns zur Erde. Das raubt uns die Hoffnung, die Freude und den Glauben. Dazu kommen unsere Sünden, die manchmal eine schwere Last sind. Wir schleppen das alles durch unser Leben. Wir erwarten keine Hilfe. Oft haben wir das schon akzeptiert. Wir glauben an keine Änderung. Wir haben vielleicht unsere Hoffnung aufgegeben. Am Anfang der Predigt, liebe Schwestern und Brüder, habe ich eine Person erwähnt, die mich um einen Stein von der Via Dolorosa gebeten hat. Sie wollte ihn drücken, wenn es ihr schlecht geht. Sie glaubte, dass das hilft. Leider, auf dem letzten Weg Jesu gibt es keine Steine, die das Leiden Jesu gesehen haben, außer die, die den Weg gepflastert haben, oder die von den Häusern, was auch nicht sicher ist, weil die Römer Jerusalem komplett zerstört haben. Ich konnte weder für mich noch für die Person noch für euch alle einen Stein mitbringen. Liebe Schwestern und Brüder, Eines ist von dem Leiden und dem Tod Jesu geblieben. Eins, was mehr als ein Stein uns an das Leiden und den Tod Jesu erinnert. Das ist das Kreuz. Für viele, auch für uns ist es eine Erinnerung an Jesu Leiden und Tod. Wenn es dir manchmal schlecht geht, wenn du enttäuscht oder verraten bist, wenn die Worte eines Menschen dich verletzt haben, wenn du den Eindruckt hast, dass du nicht mehr kannst, weil das alles zu schwer für dich ist, nimm das Kreuz Jesu in die Hand. Drück es an dein Herz. Lass deine Tränen fallen und hör zu, was dir Jesus von dem Kreuz sagen will. Vielleicht hörst du die leise Stimme, die dir sagt: mein Lieber, meine Liebe, ich sehe dein Leiden, ich spüre deine Enttäuschung. Ich bin immer bei dir, besonders, wenn du unendlich leidest. Ich weiß, dass die Verletzung von den Nächsten besonders weh tut. Ich kann auch verstehen, dass du jetzt keinen Ausweg siehst. Eins kannst du aber sicher sein: ich bin bei dir, ich will dir helfen. Schau! drei Tage nach meinem Tod bin ich auferstanden. Jetzt gibt es kein Leiden, jetzt gibt es keinen Tod mehr. Ich gebe dir meine Hand. Nimm sie, drück sie fest. Allein schaffst du das nicht, aber mit mir schon. Ich will dir helfen, die schwierigen Momente in deinem Leben durchzuhalten. Ich will dir zeigen, dass nach jedem Karfreitag, egal wie lange er dauert, die Freude der Auferstehung kommt. Nicht das Leiden, nicht der Tod, sondern die Auferstehung und das Leben haben das letzte Wort. Amen.

Osternacht 2010

Liebe Schwestern und Brüder. Als mir gesagt wurde, dass in der Osternacht eine Taufe geplant worden ist, habe ich mich sehr gefreut. Ich habe das noch nie erlebt. Das war immer mein Wunsch. Warum eine Taufe in der Osternacht? Es ist doch unpraktisch, kann jemand sagen. Trotzdem haben das die Eltern gewollt. War das nur der Wunsch der Eltern, oder hat das auch einen tieferen Grund? Es hat einen sehr tiefen theologischen und historischen Grund. Sehr schön hat das der heilige Paulus in der heutigen Lesung erfasst: „Wir alle, die wir auf Christus Jesus getauft wurden, sind auf seinen Tod getauft worden. Wir wurden mit ihm begraben durch die Taufe auf den Tod; und wie Christus durch die Herrlichkeit des Vaters von den Toten auferweckt wurde, so sollen auch wir als neue Menschen leben." Dabei muss man sagen, dass am Anfang des Christentums die Osternacht die Zeit war, wo neue Christen die Taufe empfangen haben. Sie haben sich lange auf die Taufe vorbereitet, meistens waren das Erwachsene. Oft sind sie ins Wasser hineingegangen und eingetaucht. In den Kirchen waren dafür die Taufplätze gebaut – wie ein kleines Bad mit Wasser. Das hat mehr von der Symbolik gehabt. Da kann man auch die Verbindung zwischen der Taufe und der Auferstehung sehen. Jesus wurde ins Grab gelegt, und dann ist er auferstanden. Man kann sagen, ein neues Leben hat begonnen. Die Taufkandidaten sind auch ins Wasser hineingegangen und auf der anderen Seite als neue Menschen herausgekommen. Das Wasser der Taufe ist eine Grenze zwischen dem Alten und dem Neuen. Im Alten Testament war das Rote Meer für die Israeliten eine Grenze zwischen Gefangenschaft in Ägypten und der Freiheit in dem neuen Land. Für uns ist die Grenze die Taufe. Die heutige Nacht enthält das große Geheimnis des neuen Lebens, das durch die Auferstehung entstanden ist. Mit der ganzen Kirche feiern wir in der Nacht das größte Mysterium unseres Glaubens. Das einzige Grab, das leer bleibt, das Grab Jesu, gibt uns die Hoffnung, dass wir ein neues Leben bekommen. Die Taufe hat uns das ermöglicht, wie wir das in dem Paulusbrief gehört haben: „Wir alle, die wir auf Christus Jesus getauft wurden, sind auf seinen Tod getauft worden....dann werden wir mit ihm auch in seiner Auferstehung vereinigt sein." Heute ist die Nacht, wo wir uns von neuem die Bedeutung der Taufe überlegen können. Die heilige Taufe war ein wichtiges Ereignis in unserem Leben. Durch die Taufe sind wir Christen, Kinder Gottes, geworden und in

Konsequenz können wir auch die Auferstehung erwarten. In ein paar Minuten werden wir unser Taufversprechen erneuern. Das ist auch die Möglichkeit, wo wir für die Taufe danken können und an die große Würde denken, die wir als Christen durch die Taufe bekommen haben. Das werden wir mit dem Kind, das die Taufe jetzt bekommt, erleben.

1. Ostersonntag

Liebe Schwestern und Brüder, was genau vor fast 2000 Jahre in Jerusalem im Grab Jesu passiert ist, weiß niemand. Niemand hat doch die Auferstehung gesehen. Wir können uns nur darauf verlassen, was die Menschen damals erlebt haben und was uns die Evangelisten und der heilige Paulus geschrieben haben. Wenn wir unseren Glauben an die Auferstehung ordentlich und vernünftig aufbauen wollen, sollen wir ihn auf Fakten aufbauen. Was sind eigentlich die Fakten? Wie wir es am Karfreitag gehört haben, wurde Jesus an das Kreuz genagelt und getötet. Dann wurde Er schnell begraben, weil für die Juden der Sabbat begonnen hat. Am Sabbat durfte man nichts machen. Es war zu spät, den Leichnam Jesu ganz genau zu salben, wie es vorgeschrieben war. Wie wir es in der Osternacht im Evangelium gehört haben, sind die Frauen nach dem Sabbat mit den Salben zum Grab gegangen. Sie wollten Jesu Leiche salben und das ergänzen, wofür am Freitag zu wenig Zeit war. In einem Bericht im Evangelium steht, dass sie nachgedacht haben, wer ihnen den großen Stein wegwälzt. Und plötzlich eine Überraschung: der Stein ist weg, Jesu Leichnam ist nicht da. Alles war anders, als sie sich es vorgestellt haben. Was ist denn passiert in der Nacht? Wo ist der Leichnam Jesu? Da traten zwei Männer in leuchtenden Gewändern zu den Frauen und erklärten alles: Jesus ist auferstanden, wie Er es vorhergesagt hat. Da gingen die Frauen zu den Jüngern und berichteten alles, was sie erlebt haben. Die Apostel wollten an das nicht glauben. Petrus lief zum Grab und hat mit eigenen Augen das gesehen. Auch der Johannes hat es gesehen und wie das Evangelium berichtet, geglaubt. Und jetzt herrscht Verwirrung in den Köpfen. Am Karfreitag war alles traurig und voll Schmerz und Angst, aber auf jeden Fall ganz logisch. Jesus hat gelitten, wurde gekreuzigt und ist gestorben. Der Tod ist doch eine ganz normale Sache in unserem Leben. Jetzt beginnt was Neues zu laufen. Jetzt kommen viele Fragen: Wo ist der Leichnam Jesu? Was ist in der Nacht passiert? Wie kann man es zusammenfassen, damit eine logische Einheit entsteht? Egal, was passiert ist, es muss eine logische Erklärung haben. Vielleicht hat jemand den Leichnam Jesu gestohlen, aber wie? und warum? Beim Grab waren doch die Soldaten, die es bewacht haben. Andererseits, wer könnte ein

Interesse haben, die Leiche Jesu zu stehlen. Die Leiche im Grab war doch ein Beweis für viele Gegner Jesu, dass das Problem mit Jesus erledigt ist. Es gibt noch eine Erklärung, nämlich wie die Engel es gesagt haben: Jesus ist wirklich auferstanden, wie Er es doch vorhergesagt hat. Er hat doch viele Wunder gewirkt, vielleicht ist die Auferstehung die Bestätigung für alles, was Er gesagt und gewirkt hat?

Langsam beginnen die Jünger zu glauben. Dann kommt Jesus zu ihnen und zeigt ihnen seine Wunden und versucht sie zu überzeugen, dass Er wirklich auferstanden ist. Nun sind sie so überzeugt, dass sie es überall erzählen. Sie können nicht schweigen. Sie reden darüber mit Gewissheit. Sie legen ein Zeugnis ab, auf alles, was sie erlebt haben. Viele von ihnen haben den höchsten Preis dafür bezahlt, nämlich ihr eigenes Leben. Wenn aber Jesus auferstanden ist, brauchen sie keine Angst ums Leben zu haben. Er weckt sie von den Toten auf. Liebe Schwestern und Brüder, das haben uns die Apostel, die Jünger und andere damals lebende Menschen hinterlassen. Das haben wir übernommen. Heute, wie jedes Jahr, stehen wir vor dem leeren Grab wie die Frauen und die Apostel vor fast 2000 Jahren. Jeder von uns muss heute die Frage beantworten, nämlich, warum ist das Grab leer? Eine von den Antworten ist: Jesus ist auferstanden, Jesus lebt, Jesus hat auch die Auferstehung allen versprochen, die an Ihn glauben. Jesus gibt uns das ewige Leben. Das ist die schönste Nachricht, die uns unser Glaube gibt. Dadurch können wir voll Hoffnung in die Zukunft schauen, auch wenn die Zukunft, menschlich gesehen, ohne Hoffnung scheint. Diese Hoffnung und Freude sollen wir besonders jetzt in unsere Herzen einpflanzen. Sie helfen uns, unseren Kopf immer hoch zu halten und die Freude an die anderen Menschen auszustrahlen. Das wünsche ich euch allen und mir selbst. Amen.

2. Ostersonntag

Liebe Brüder und Schwestern, vor einer Woche haben wir Ostern gefeiert. Der heutige Sonntag schließt die sogenannte Oktav ab, wo wir die Osterfeier verlängern. Eigentlich soll die ganze Osterzeit die Zeit sein, in der wir unseren Glauben an die Auferstehung untermauern, wo wir die Freude und die Hoffnung der Auferstehung Jesu in unseren Herzen einpflanzen und wachsen lassen, damit sie uns helfen können, die schwierigen Momente unseres Lebens zu überstehen. Das ist auch die Zeit, in der wir in Richtung Himmel schauen, wo auch unser letztes Ziel ist. Der Heilige Johannes hat uns in der ersten Lesung in seiner Vision ein bisschen die Tür des Himmels, also der Ewigkeit Gottes aufgemacht, damit wir sie wenigstens teilweise sehen können. Er hört eine Stimme, die ihm sagt, er soll alles aufschreiben und den sieben Kirchen, also den sieben Gemeinden schicken. Der Text betrifft auch uns als Kirche Jesu Christi. Als Johannes die Stimme gehört hatte, wollte er sehen, wer zu ihm sprach. Als er sich umdrehte, sah er: „...sieben goldene Leuchter und mitten unter den Leuchtern einen, der wie ein Mensch aussah; er war bekleidet mit einem Gewand, das bis zu den Füßen reicht, und um die Brust trug er einen Gürtel aus Gold." Diese Vision ist voller Symbole. Versuchen wir jetzt die Symbolik zu entziffern und aufzuklären. Die sieben goldenen Leuchter weisen uns zu dem Tempel in Jerusalem hin. Für die Juden war der Tempel mit den Leuchtern der heiligste Platz der Anwesenheit Gottes. Das war ein Platz, der für Gott und nur für Gott reserviert wurde. Wenn Jesus in der Vision auf dem heiligen Platz steht, bedeutet es, dass Jesus Gott gleich ist, also Sohn Gottes ist. Johannes schreibt weiter: „Als ich ihn sah, fiel ich wie tot vor seinen Füßen nieder." Das ist auch ein Hinweis, dass Jesus Gott gleich war. In der Bibel steht doch, dass Gott niemand sehen kann und dabei am Leben bleibt. Wie ist der Sohn Gottes in der Vision vorgestellt? Er ist anders als die alttestamentliche Vorstellung der Juden. Johannes hat ihn gesehen und trotzdem ist er am Leben geblieben. Und noch mehr. Jesus legt seine rechte Hand auf ihn. Was sagt uns die Vision? Was wollte uns Johannes über Gott sagen? Wie ist denn Gott nach der Vorstellung des Johannes? Er ist nicht ein Gott vor dem wir uns fürchten müssen. Er ist nicht ein Gott vor dem wir zittern müssen, dass wir sterben, weil wir ihn gesehen haben. „Fürchte dich nicht! Ich bin der Erste und der Letzte und der Lebendige. Ich war tot, doch nun lebe ich in alle Ewigkeit, und ich habe die Schlüssel zum Tod und zur Unterwelt." Diese Worte weisen uns zweifellos auf Jesu, der auferstanden ist. Also die Person, die Johannes gesehen hat, war zweifellos Jesus. Er lebt in alle Ewigkeit. Er hat auch die Schlüssel zum Tod und der Unterwelt. Er kann uns auferwecken und zu neuem Leben führen. Dann empfiehlt Jesus dem Johannes, alles aufzuschreiben. Das bedeutet: diese Worte gelten nicht nur für ihn, sondern für alle, die sie lesen oder hören werden. Liebe Brüder und Schwestern, wir haben auch diese Worte gehört. Das bedeutet, das Versprechen gilt auch uns. Jesus hat auch die Schlüssel zu unserem Tod, das heißt, er hat die Macht über unseren Tod. Er hat die Macht uns aufzuerwecken. Diese hoffnungsvolle Botschaft enthält die heutige Lesung. Wir brauchen vor Gott keine Angst haben. Wenn Jesus für uns als Mensch gestorben ist, wollte er uns zeigen, dass Gott uns auf der gleichen Augenhöhe begegnen will, dass er uns in seiner Ewigkeit haben will. Das ist die Botschaft des zweiten Ostersonntags. Nehmen wir sie in unsere Herzen auf. Nehmen wir sie mit nach Hause in unser tägliches Leben mit und schenken wir sie denen, die keine solche Hoffnung haben. Das ist die Aufgabe der Menschen, die an die Auferstehung Jesu glauben. Die Menschen um uns herum brauchen solch eine Hoffnung und wir können sie ihnen schenken, weil wir sie bekommen haben, nicht nur für uns, sondern damit wir sie weiter schenken. Amen

3. Ostersonntag

Liebe Schwestern und Brüder, vorige Woche hat uns der Heilige Johannes die Tür zur Ewigkeit Gottes einen Spalt breit geöffnet. Jetzt schreibt er uns, was er weiter gesehen und gehört hat. Bevor wir den Bericht weiter analysieren werden, versuchen wir die Umstände, unter welchen Johannes sein Buch geschrieben hat, zu verstehen. Das Buch heißt Offenbarung oder Apokalypse. Es wurde Ende der achtziger und Anfang der neunziger Jahre des ersten Jahrhunderts verfasst. Das junge Christentum hatte schon viele Verfolgungen hinter sich. Der Verfasser vermutet eine neue Welle der Verfolgung, weil der Kaiser Domitian verlangte, als „Herr und Gott“ angeredet zu werden, und das steht in einer klaren Opposition zu dem christlichen Glauben, wo es nur einen Gott gibt und niemand anderer den Titel bekommen darf. Was die Christen damals bei der Verfolgung brauchten, war Trost und Unterstützung, damit sie standhaft bleiben konnten. Johannes zeigt, dass trotz der Verfolgung, trotz der jetzigen Schwierigkeiten, trotz des Eindrucks, dass der Feind jetzt gewinnt, der letzte und der einzige Gewinner Jesus Christus Sohn Gottes ist. Johannes sah einen Thron und hörte viele Stimmen, unter ihnen auch die der Engel, die gesprochen haben: „Würdig ist das Lamm, das geschlachtet wurde, Macht zu empfangen, Reichtum und Weisheit, Kraft und Ehre, Herrlichkeit und Lob. Und alle Geschöpfe im Himmel und auf der Erde, unter der Erde und auf dem Meer, alles, was in der Welt ist, hörte ich sprechen: Ihm, der auf dem Thron sitzt, und dem Lamm gebühren Lob und Ehre und Herrlichkeit und Kraft in alle Ewigkeit.“ Das Lamm, das geschlachtet wurde, ist Jesus Christus. In unserer Welt scheinen wie in der Zeit des Johannes die zu gewinnen, die Macht und Geld haben. Ein Lamm ist eher als Zeichen der Wehrlosigkeit. Das Lamm ist die Opfergabe Gottes für die Welt. Das Lamm steht im Kontrast zu Macht und Stärke. Es ist der von Gott Gesendete, der sich nicht mit Gewalt zur Wehr setzt, sondern mit Geduld die ihm zugefügten Leiden bis hin zum gewaltsamen Tod erträgt. Gott beantwortet die Gewalt der Menschen nicht mit Gegengewalt. „Seht das Lamm Gottes, das hinweg nimmt die Sünden der Welt.“ – hören wir in der heiligen Messe vor der heiligen Kommunion. In der Art, wie Jesus das ihm zugefügte Leid erträgt und die Sünden anderer auf sich nimmt, zeigt sich Gottes eigenes Tragen, Vergeben und Zuneigung. Das Lamm ist das Sinnbild der Vollkommenheit Gottes, die im vollkommenen Erbarmen besteht und sich weltweit ausbreitet. Das ist es, was gepriesen wird, was im

Lobpreis gerühmt und bejubelt wird. Dies alles war ein großer Trost für die damaligen Christen, die Verfolgung erlitten haben. Es ist auch ein großer Trost für uns Christen heutzutage, auch für die Priester, wo wir manchmal den Eindruck haben, dass wir immer weniger werden, dass immer weniger Menschen sich zum Glauben bekennen. Es ist auch ein großer Trost für uns, wenn wir eine Krise im Glauben erfahren, wo wir manchmal auch unseren Glauben in Frage stellen, wenn wir rundherum sehen, dass der Glaube alles andere als modern und attraktiv in unserer Welt scheint, wenn wir sehen, dass der Konsum als Stil des Lebens die Menschen umfängt. Es ist ein Trost, wenn wir sehen, dass nicht die Treue der Prinzipien sondern die Anpassungsbemühung bevorzugt wird, wenn wir treue Christen als konservativ oder aus einem alten Schlag bezeichnet werden. Es ist ein Trost und eine Hilfe für die Jugend, der es sehr schwer fällt, sich in der jetzigen Welt zu orientieren und sich zu dem Glauben zu bekennen und zu zeigen, dass sie gläubig sind. Die Bibel als Wort Gottes ist immer eine Quelle, wo wir Trost und Hoffnung finden können. Amen.

4. Ostersonntag

Liebe Schwestern und Brüder, als ich Kaplan war, bin ich oft mit der Jugend auf einem Jugendlager im Gebirge gewesen. Einmal haben wir in einer kleinen Stadt eine große Herde von Schafen gesehen. Unter den Schafen waren auch Hirten. Einer von den Hirten hat leider über die Schafe geschimpft. Vielleicht sind die Schafe nicht so gegangen, wie er es wollte, oder hat er seine Arbeit nicht gern gemacht. Ganz im Gegenteil ist Jesus ein guter Hirt. Wie wir im Evangelium gehört haben: Jesus kennt die Schafe, sie hören auf seine Stimme und sie folgen Jesus. Wen hat Jesus gemeint, als Er über die Schafe gesprochen hat? Wer sind die Schafe? Man braucht keine große theologische Ausbildung haben, um zu wissen, dass Jesus die Menschen als die Schafe gemeint hat. Menschen, besonders die, die zu seiner Herde gehören, nämlich alle, die getauft worden sind und durch die Taufe Gott gehören. Die Worte Jesu betreffen uns. Wenn das so ist, sollen wir vielleicht die Worte gründlich analysieren. Die Schafe hören auf die Stimme Jesu und folgen ihm. Für die Schafe ist Jesus die Person, der man vertrauen kann. Die Schafe haben so viel Vertrauen, dass sie wissen, dass Jesus als guter Hirt nur das Gute für uns will. In dem Moment muss man sagen, dass nicht immer die Worte Jesu leicht zu nehmen sind und noch schwieriger zu erfüllen sind. Besonders schwierig, wenn sie etwas von uns erwarten, oder sogar verlangen, wenn wir unser Leben ändern sollen, weil es anders ist als Jesu Worte sagen. Es ist auch nicht leicht, Jesus nachzufolgen. Seine Lehre ist oft anspruchsvoll. Andererseits hat

Jesus als guter Hirt Geduld und wartet, bis wir seine Erwartungen verstehen und erkennen, dass sie das Beste für uns sind. „Ich gebe ihnen ewiges Leben" …... „Sie werden niemals zugrunde gehen, und niemand wird sie meiner Hand entreißen." - sagt Jesus weiter. Sehr schöne und hoffnungsvolle Worte. Wie ich schon erwähnt habe, manchmal ist das Nachfolgen Jesu nicht leicht. Man muss sein Leben ändern. Aber das Versprechen: „das ewige Leben" ist was Faszinierendes, es ist ein Grund, trotzdem die Änderung zu unternehmen. Ab und zu fragen Christen, auch die Tiefgläubigen, um den Sinn ihres Glaubens. Was bringt es uns, dass wir gläubige Menschen sind? Was gibt uns der Glaube? Abgesehen von vielen anderen Dingen, ist das ewige Leben das Schönste, was uns Jesus versprochen hat, was wir durch unseren Glauben erreichen können. Manchmal erleben wir schöne Sachen im Leben, manchmal haben wir das Glück, eine wahre Liebe zu erfahren. In den Momenten würden wir gerne die Zeit anhalten, aber wir wissen genau, dass alles in unserem Leben vergeht, wir können das Glück nicht festhalten, wir haben Angst um unsere liebsten Personen. Manchmal zerreißen tatsächlich die Krankheit oder der Tod unser Glück oder unsere Liebe. Dann sehnen wir uns nach Unvergänglichkeit, damit unser Glück oder Liebe ewig dauert. In dem Moment kommt der Vorschlag Jesu: „Ich gebe ihnen ewiges Leben." Das ist die frohe Botschaft, die uns Jesus gebracht hat. Er hat das Versprechen durch seine Auferstehung bestätigt. Das ist der Vorschlag, der Jesus jedem Menschen gibt: „Wer an mich glaubt, hat das ewige Leben." Das ist ein Vorschlag für dich. Das ist ein Vorschlag für mich, für uns alle. Amen.

5. Ostersonntag

Liebe Schwestern und Brüder, seit ein paar Wochen hören wir in der Johannesvision über den Himmel, ein Zustand des ewigen Glücks. Vielleicht fragen sich manche von uns: Brauchen wir eigentlich den Himmel? Vielleicht haben wir uns schon auf der Erde einen Himmel erschaffen. Vielleicht ist unsere einzige Sehnsucht, noch mehr zu haben. Ein Beweis, dass wir in einer übersättigten Gesellschaft leben, ist eine Aussage, die ich einmal gehört habe: „Was kann ich einem Menschen zum Geburtstag schenken, der schon alles hat?" In der Johanneszeit war es anders. Die Christen waren unterdrückt, verfolgt. Sie hatten sicher Hoffnung und Trost gebraucht, deswegen war die Offenbarung des Johannes eine große Hilfe und Unterstützung in der schwierigen Zeit. Liebe Schwestern und Brüder, den meisten von uns fehlt nichts im Leben, wenn es um die irdischen Güter geht, trotzdem sind wir in die Kirche gekommen. Das bedeutet, wir brauchen etwas mehr, als nur einen Wohlstand und bequemes

Leben. Wir sind gekommen, um die Zeit mit Gott zu verbringen. Für uns sind der Trost, die Hoffnung und die Stärkung, die uns Gott in seinem Wort gibt, da. Für uns, die wir uns bemühen, nach den Geboten der Liebe zu leben, die nicht nur die eigene Nase sehen, sondern auch das Schicksal der anderen, weil wir an Gott glauben, weil wir uns wie eine große Familie der Gläubigen fühlen. Der Glaube ist doch ein schönes Abenteuer, das uns neue Horizonte öffnet. Der Glaube ist doch eine Unterstützung, besonders wenn wir schwierige Momente erfahren müssen. Aus dem Gebet, aus der heiligen Messe, schöpfen wir die Hoffnung, um sie nicht nur für uns zu behalten, sondern auch den anderen Menschen weiter zu schenken. Wir sind wie die Zweige am Rebstock, die im Stamm, der Jesus Christus ist, verankert sind. Aus unserem Glauben, also aus der Verbindung mit Gott, sollen wir die Kraft schöpfen, die Menschen zu lieben, wie es Jesus im Evangelium gesagt hat: „Ein neues Gebot gebe ich euch: Liebt einander! Wie ich euch geliebt habe, so sollt auch ihr einander lieben. Daran werden alle erkennen, dass ihr meine Jünger seid: wenn ihr einander liebt.“ Aus dem Glauben haben wir die Sicherheit, von Gott geliebt zu werden. Diese Liebe sollen wir weiter schenken. Das ist unsere Aufgabe als Christen. Johannes hat in seiner Vision heute einen neuen Himmel und eine neue Erde gesehen. Es geht natürlich um die Ewigkeit Gottes. Die Ewigkeit Gottes beginnt aber jetzt auf der Erde. Wir hörten heute: „Seht, die Wohnung Gottes unter den Menschen! Er wird in ihrer Mitte wohnen, und sie werden sein Volk sein; und er, Gott, wird bei ihnen sein.“ Gott will bei uns wohnen, aber nur, wenn wir einander lieben. Nur in diesem Fall können wir von dem Himmelreich reden. Wir Christen sind die neuen Menschen, die eine Aufgabe haben, nämlich durch die Liebe das Himmelreich aufzubauen, wenigstens zu versuchen. Natürlich, der vollkommene Zustand des vollen Glücks wird erst im Himmel möglich, wie auch Johannes heute geschrieben hat: „Gott wird alle Tränen von ihren Augen abwischen: Der Tod wird nicht mehr sein, keine Trauer, keine Klage, keine Mühsal. Denn was früher war, ist vergangen.“ Es fließen noch viele Tränen in unserer Welt, in unserer Umgebung. Nehmen wir, liebe Schwestern und Brüder, die Hoffnung und die Kraft, die uns Gott jetzt gibt, und helfen wir ihm, die Tränen abzuwischen. Das ist unsere Aufgabe in dieser Welt. Wir lernen das jetzt bei der heiligen Messe, und nachher sollen wir das in unser Leben einfügen. Amen.

6. Ostersonntag

Liebe Schwestern und Brüder, das heutige Evangelium ist ein Teil einer langen Rede von Jesu. Der heilige Johannes hat diese Rede beim letzten Mal in seinem

Evangelium eingesetzt. Kurz vor seinem Tod spricht Jesus noch einmal mit den Jüngern. Es ist eine Abschiedsrede. Es ist wie eine kleine Wiederholung. Vor seinem Abschied will Jesus die Apostel noch einmal an das erinnern, was er ihnen durch die drei Jahre gesagt hat. Die Zeit ist knapp, und Jesus sagt nur das Allerwichtigste. Unter den wichtigen Themen ist auch das Thema: Friede. „Frieden hinterlasse ich euch, meinen Frieden gebe ich euch; nicht einen Frieden, wie die Welt ihn gibt, gebe ich euch. Euer Herz beunruhige sich nicht und verzage nicht.“ Ein schönes Geschenk hat Jesus den Aposteln und auch uns hinterlassen. Wenn wir uns gut erinnern, war das Motto meiner Weihnachtspredigten auch der Friede. „Gloria in excelsis Deo, et in terra pax hominibus bonae voluntatis“ „Verherrlicht ist Gott in der Höhe, und auf Erden ist Friede bei den Menschen seiner Gnade.“ - hat der Engel den Hirten gesagt. Bei der Vorbereitung dieser Predigt habe ich gedacht: Jesus kommt auf die Welt mit Frieden. Jetzt beim Abschied spricht er auch über Frieden. Man kann sagen: der Friede steht am Anfang und am Ende der Tätigkeit Jesu. Der Friede ist auch ein Geschenk für die Menschheit, er ist eine Gabe Jesu. Nach der Auferstehung, sind doch die ersten Worte Jesu: „Der Friede sei mit euch.“ „Frieden hinterlasse ich euch, meinen Frieden gebe ich euch; nicht einen Frieden, wie die Welt ihn gibt, gebe ich euch.“ Jesus will uns nicht irgendeinen Frieden geben, Er will uns seinen Frieden geben. Was für einen Frieden will Er uns geben, den die Welt uns nicht geben kann? Manchmal kommt es zu Konflikten zwischen Geschwistern. Ab und zu sind das scharfe Konflikte. In diesem Fall kommen die Eltern zum Einsatz. Wenn keine anderen Argumente wirken, trennen die Eltern die Kinder, und dann kommt die Ruhe. Die Ruhe bedeutet aber nicht den Frieden. Manchmal sagen auch wir: „Gib mir endlich Ruhe!“ In dem Fall geht es auch nicht um Frieden, den Jesus gemeint hat. Im besten Fall ist die Ruhe der erste Schritt zum Frieden. Der Friede Jesu ist etwas Inneres. Der Friede ist ein Geschenk von Jesus. Jesus spricht auch in der Rede über den Heiligen Geist. Der Friede, den Jesus uns geben will, ist die Gabe des Heiligen Geistes. Um die Gabe zu bekommen, muss man sich der Wirkung des Heiligen Geistes öffnen. Er will uns den Frieden geben. Bevor das aber passiert, muss man eine bestimmte innerliche Ordnung in unserem Herzen schaffen. Man muss überlegen, was auf dem Weg des Friedens in meinem Leben steht? Vielleicht muss man die alten Ressentiments überwinden. Vielleicht muss man uns die Wahrheit sagen und neue Ordnung einfügen. Vielleicht muss es zur Versöhnung kommen. Wenn alles weggeräumt ist, gibt es den Platz für den richtigen Frieden. Seit Weihnachten sind schon ein paar Monate vergangen. Zu Weihnachten wollte uns Jesus mit dem Frieden beschenken. Ist der Friede in meinem Herzen gewachsen? Habe ich wenigstens einen Schritt weiter auf dem Weg zum Frieden gemacht? Ist mein Herz anders als damals? Jesus will uns mit dem Frieden beschenken. Es ist ein Vorschlag, eine Gnade von Ihm. Damit aber die Gnade in mir wirken kann, soll ich mich öffnen, soll ich aktiv mitarbeiten. Jeder von uns will den Frieden haben. Nicht immer haben wir genug Kraft, genug Mut, den ersten Schritt zu machen, obwohl es der innerste Wunsch von vielen von uns ist. Beten wir in der heiligen Messe, dass der Friede Jesu in unserem Herzen seinen Platz findet, und uns hilft auch in unseren Familien und in unserer Gesellschaft den Frieden zu verwirklichen. Amen.

Pfingsten

Liebe Schwestern und Brüder, vor einer Woche haben wir die bischöfliche Visitation erlebt. Da haben wir auch bei der heiligen Messe unsere Pfarrgruppen vorgestellt. Wir haben auch ein Mosaik vorbereitet. Jede Gruppe in der Pfarre sollte nach der Vorstellung einen Teil des Mosaiks nehmen und dann auf die Tafel aufpicken. Dann sollte das Bild unserer Kirche entstanden sein. Am Anfang habe ich eine Unruhe gespürt. Dann habe ich mich gedreht und habe gemerkt, dass die Menschen Schwierigkeiten hatten, den richtigen Platz zu finden. Bei der Vorbereitung der Predigt habe ich gedacht: das Bild ist wirklich ein Bild von unserer Pfarre. Obwohl jeder von uns anders ist, gehören wir alle zur Pfarre Ober-Aspang. Wir haben denselben Glauben, denselben Gott, wir haben dieselbe Taufe empfangen. Bevor das Bild unserer Kirche zerschnitten worden ist, war es ganz als schönes Foto. Beim Zusammenstellen gab es keine andere Möglichkeit als die, dass jeder Teil seinen eigenen Platz bekommt. Bis der richtige Platz nicht gefunden ist, gibt es keine Chance, dass das Bild eine Einheit schafft. Ähnlich ist eine Pfarre. Jeder von uns hat eigene Talente, Begabungen. Jeder von uns hat seinen eigenen Platz in der Gemeinschaft der Pfarre. Die Kunst ist, den Platz zu finden. Die Kunst ist, die Menge der Menschen mit ihren Talenten so zu ordnen, damit alles eine schöne harmonische Einheit bildet, wo jeder seine Talente zur Verfügung stellt und sie entwickeln kann für das Gute der Pfarre. Wer ist der, der die Ordnung, die Harmonie erschaffen kann? Wer ist der, der uns die Begabungen gegeben hat und sie nutzten will, damit die Kirche profitiert? Es geht um unsere Pfarre, aber es geht auch um die allgemeine Kirche. Der, der die Hauptidee hat, der die Menschen inspiriert, ist der Heilige Geist. Schön hat das der heilige Paulus beschrieben: „Es gibt verschiedene Gnadengaben, aber nur den einen Geist. Es gibt verschiedene Dienste, aber nur den einen Herrn. Es gibt verschiedene Kräfte, die wirken, aber nur den einen Gott: Er bewirkt alles in allen. Jedem aber wird die Offenbarung des Geistes geschenkt, damit sie anderen nützt. Denn wie der Leib eine Einheit ist, doch viele Glieder hat, alle Glieder des Leibes aber, obgleich es viele sind, einen einzigen Leib bilden.“ Das wäre ideal. Wir wissen aber, dass es nicht immer so funktioniert. Warum ist es so? Ist der Heilige Geist zu schwach? Nein. Das Problem liegt irgendwo anders. Da Problem liegt in uns Menschen. Unsere Unvollkommenheiten, unsere Fehler und Sünden verhindern die Wirkung des Heiligen Geistes. Das passiert immer, wenn wir statt das Gute der Kirche nur unsere eigenen Ziele sehen. Wenn wir statt den anderen zuhören nur reden wollen und unseren eigenen Willen durchführen, wenn wir hartnäckig, stur sind, ohne Rücksicht auf die anderen und auf das gemeinsame Ziel nehmen. Das passiert, wenn wir uns präsentieren wollen, wenn wir uns zeigen wollen, damit die Menschen uns bewundern, statt einfach für die Kirche, für Gott und für die Menschen arbeiten. Immer, wenn der Egoismus in uns überwiegt, geben wir dem Heiligen Geist keinen Platz mehr. Es betrifft unsere Kirche, es betrifft unsere Familien. Der Heilige Geist hat große Kraft, aber er wirkt nur, wenn wir das erlauben, wenn wir Ihm den Raum geben. Deswegen beten wir jedes Jahr in der Sequenz:

Komm herab, o Heil‘ger Geist, / der die finstre Nacht zerreißt, / strahle Licht in diese Welt.

Ohne dein lebendig Wehn / kann im Menschen nichts bestehn, / kann nichts heil sein noch gesund. Was befleckt ist, wasche rein, / Dürrem gieße Leben ein, / heile du, wo Krankheit quält. Wärme du, was kalt und hart, / löse, was in sich erstarrt, / lenke, was den Weg verfehlt.

SONNTAGE IM JAHRESKREIS

1. Sonntag im Jahreskreis C

Liebe Schwestern und Brüder, die heutige Geschichte im Evangelium kann man auf verschiedene Art und Weise analysieren. Manche Menschen sehen in der Geschichte einen Beweis, dass Jesus eine fröhliche Person war. Manche betonen, dass die heilige Maria gemerkt hat, dass der Wein aus war und sich große Sorgen gemacht hat. Es gibt auch Menschen, die in der Geschichte eine Entschuldigung für das Trinken sehen. „Jesus war doch bei der Hochzeit und hat bestimmt Wein getrunken" – sagen sie. Wenn ein Detektiv eine schwierige Situation zu lösen hat, fragt er immer nach den Motiven der Delikte. Die meisten Menschen denken ganz logisch. Wenn sie etwas machen, haben sie immer ein Ziel, das sie erreichen wollen. Wenn jemand dann das betrachtet, kann er eher das Motiv entdecken. Nur wenn wir das Motiv entdecken, nur wenn wir die Hauptidee entdecken, können wir gut die heutige Geschichte vom Evangelium verstehen. Was ist eigentlich das Motiv? Was ist die Hauptidee? Warum hat der heilige Johannes uns diese Geschichte hinterlassen? Die Lösung unseres Rätsels ist der letzte Satz: „So tat Jesus sein erstes Zeichen, in Kana in Galiläa, und offenbarte seine Herrlichkeit, und seine Jünger glaubten an ihn." Wie immer im Johannesevangelium geht es um den Glauben. Die Jünger haben in Jesus eine besondere Person entdeckt. Das Evangelium ist auch für uns geschrieben, damit wir auch Jesus als Sohn Gottes entdecken und an Ihn glauben. Warum spreche ich oft über den Glauben? –kann jemand von uns fragen. Weil der Glaube so wichtig ist. Der Glaube ändert unser Leben. Mit dem Glauben kann man alles anders sehen. Jesus hat durch die Wandlung das Wasser veredelt. Es war dann kein Wasser, es war Wein, ein guter Wein - wie der Verantwortliche für das Festmahl gesagt hat. Wasser trinken wir jeden Tag, Wein nur in besonderen Momenten. Für mich ist das ein Vergleich: unser ganz normales Leben ist wie Wasser. Wasser kann besser oder schlechter sein, aber immer bleibt es Wasser. Wasser ist nie Wein. Unser ganz normales Leben kann auch schön oder schlecht sein, aber es bleibt ein ganz normales Leben. Wie Jesus das Wasser in Kana veredelt hat, veredelt Er auch durch den Glauben unser Leben. In dem Moment, wo wir glauben, bekommt unser Leben eine neue Qualität. Wir sehen dann alles anders, unser Leben, unsere Probleme, unsere Freude. Wir sehen alles von einer anderen Perspektive. Durch den Glauben erheben wir uns auf ein anderes Niveau, wie die Vögel, die von oben alles anders sehen, wie die Bergwanderer, die vom Gipfel des Berges alles anders sehen. Jesus lädt uns durch den Glauben ein, damit wir uns erheben. Durch den Glauben sind wir berufen, dass wir unsere menschliche Natur überschreiten. Wir sind nicht berufen, damit wir ganz unten unbewusst krabbeln. Wir sind berufen, um große Dinge zu tun, um unser Leben vollständig zu erleben. Durch den Glauben können wir tiefer atmen, ein tieferes Leben fortleben. In dem Fall kommt ein neuer Wert des Lebens. Das ist für uns vorgesehen. Gott lädt uns ein, dass wir an seinem Leben teilnehmen. Er lädt uns zu einem schönen Abenteuer. Er will uns eine neue Ebene unseres Lebens zeigen. Wenn wir nur mit dem zufrieden sind, was wir sehen, tasten und spüren, wird unser Leben um eine bestimmte Qualität ärmer. Wie wir ab und zu einen guten Wein genießen, können wir auch das Leben des Glaubens genießen. Amen.

2. Sonntag im Jahreskreis

Liebe Schwestern und Brüder, in den vielen Gesprächen mit den Menschen, kommt ab und zu die Frage über die Existenz Gottes. „Herr Pfarrer, ich bin ein gläubiger Mensch, aber manchmal kommen mir Zweifel, ob es Gott überhaupt gibt.“ Eine solche Situation ist für mich immer eine Herausforderung. Einerseits können die Menschen ein Zeugnis von mir erwarten, ich bin doch ein Priester, andererseits gibt es keinen hundertprozentigen Beweis für die Existenz Gottes. Der Glaube bleibt immer nur Glaube. Der Glaube hat immer etwas von Unsicherheit. Wenn mir jemand was verspricht, kann ich glauben, aber sicher bin ich, wenn ich es sehen oder berühren kann. Gott kann man aber weder sehen noch berühren. Andererseits kann ich sagen, dass unser Glaube wirklich einen festen Grund hat. Die Bibel, das Zeugnis vieler Menschen, besonders der Märtyrer, und vor allem Jesus Christus, der auferstanden ist, sind für mich Bausteine für meinen Glauben. Das heutige Evangelium ist für mich auch ein wichtiger Baustein meines Glaubens. Der heilige Lukas schreibt zu Theophilus: „Schon viele haben es unternommen, einen Bericht über all das abzufassen, was sich unter uns ereignet und erfüllt hat. Dabei hielten sie sich an die Überlieferung derer, die von Anfang an Augenzeugen und Diener des Wortes waren. Nun habe auch ich mich entschlossen, allem von Grund auf sorgfältig nachzugehen, um es für dich, hochverehrter Theophilus, der Reihe nach aufzuschreiben. So kannst du dich von der Zuverlässigkeit der Lehre überzeugen, in der du unterwiesen wurdest.“ Das Lukasevangelium wurde viele Jahre nach dem Tod Jesu geschrieben. Die Emotionen sind schon gesunken. Der heilige Lukas hat gesehen, dass trotz der Schwierigkeiten von außen die Zahl der Christen schnell wächst. Dann kommen die ersten Märtyrer, die durch ihren Tod ein Zeugnis abgelegt haben. Das macht nachdenklich. Wie der heilige Lukas schreibt, will er allem von Grund auf sorgfältig nachgehen. Und was wichtig ist, baut er wie die anderen, auf Augenzeugen auf. Für mich persönlich ist das ein Grund zum Glauben. Was können wir noch erwarten? Durch sein Evangelium wollte Lukas doch kein Geschäft machen. Das Christentum war doch kein Geschäft, mehr ein Risiko. Er hat auch nicht gewusst, dass der Brief an Theophilus später als Evangelium in die Kirche genommen wird. Er hat nur das beschrieben, was er gesehen hat, was die anderen über Jesus gesagt haben. Er hat in Jesus von Nazareth den Messias entdeckt. Den Messias, der in dem Alten Testament durch die Propheten vorausgesagt wurde. Das haben wir heute auch gehört. Und in Jesus Christus den Messias, den Sohn Gottes zu sehen, heißt glauben. Jesus nicht als normalen Mensch, sondern als Sohn Gottes sehen, ist doch unser Glaube.

Der heilige Lukas hat die Erfahrung erlebt. Er wollte auch seinen Glauben dem Theophilus vermitteln. Sein Evangelium ist auch für uns geschrieben. Es ist eine Quelle des Glaubens für uns. Ich bin sehr dankbar dem heiligen Lukas dafür, was er geschrieben hat. Jetzt weiß ich, dass die Geschichte über Jesus auf keinen Fall ein aus dem Finger gesaugtes Märchen, sondern eine wahre Geschichte über Jesus Christus ist. In der Geschichte kann ich Bausteine für meinen Glauben finden. Auf den Bausteinen kann ich meinen Glauben bauen, dass Jesus der Sohn Gottes ist. Ich kann auch die große Hoffnung haben, dass ich Ihn einmal im Himmel treffe. Dann werde ich keinen Glauben brauchen. Dann werde ich ihn sehen. Dann wird alles klar und sicher sein, was manchmal jetzt nicht genug klar und sicher ist. Das bringt mir viel Hoffnung, auch wenn ich jetzt manchmal unsicher bin. Der Glaube, auch wenn er nicht immer sicher ist, ist das, was ich auf die andere Seite des Lebens vor Gott mitnehmen kann. Darum ist es wichtig, unseren Glauben zu pflegen. Amen.

3. Sonntag im Jahreskreis

Liebe Schwestern und Brüder, vorige Woche haben wir in dem Evangelium gelesen, wie Jesus voller Kraft in der Synagoge die Bibel vorgelesen hat. Heute haben wir die Geschichte weiter hören können. Jesus beginnt heute in der Synagoge in Nazareth, wo er aufgewachsen ist, zu predigen, das heißt zu erklären, was er in der Bibel gelesen hat. Am Anfang sind die Menschen begeistert. Sie loben ihn. Und dann plötzlich ändert sich die Stimmung. Dann kommen die Zweifel: „Ist das nicht der Sohn Josefs?" - „ Wir kennen ihn doch". Jesus beginnt das zu erklären aber die Spannung wächst: „Als die Leute in der Synagoge das hörten, gerieten sie alle in Wut. Sie sprangen auf und trieben Jesus zur Stadt hinaus; sie brachten ihn an den Abhang des Berges, auf dem ihre Stadt erbaut war, und wollten ihn hinabstürzen. Er aber schritt mitten durch die Menge hindurch und ging weg." Ehrlich gesagt, die Menschen hatten eine große Chance verpasst, Jesus war bei ihnen. Sie konnten ihn hören. Sie konnten seine Hilfe haben. Leider sind die Vorurteile, die alten Gewohnheiten viel größer, als die neue Chance. Sie konnten von Jesus viel bekommen, sie konnten wirklich profitieren, aber sie haben ihre Chance verpasst. Noch mehr: aus Wut haben sie Jesus fast umgebracht. Eine traurige Geschichte. Wenn wir sie chronologisch nehmen, ist es doch das vierte Kapitel des Lukasevangeliums. Das heißt, schon ganz am Anfang des Wirkens Jesu, haben die Menschen ihre Hand gegen Jesus erhoben. Ganz spontan kommt die Frage: warum? Er hat ihnen nichts Böses getan. Wieso kann man so was Schönes verderben? Was war dort nicht in Ordnung? Wieso kann man so unvernünftig sein? Ich habe viel nachgedacht, was kann ich von der Geschichte lernen? Was sagt mir die Geschichte? Wenn ich manchmal unsere menschliche Wirklichkeit, unsere Gesellschaft sehe, komme ich zur Überzeugung, dass wir ganz ähnlich diesen Menschen sind. Durch unsere Schwäche, durch unsere alten Gewohnheiten, durch unsere Vorurteile können wir viel Schönes vernichten. Wir vernichten unsere guten Beziehungen, unsere Ehe und Familien, unsere Freundschaft, viele schöne Initiativen und sogar unsere Liebe. Und was das Schlimmste ist, wir können sogar Menschen vernichten, ihren guten Ruf, das Gute, das in den Menschen ist. Oft können wir innerlich nicht vergeben, weil der oder die das oder das gemacht haben. Das steckt in uns und wir können das nicht überspringen. Es ist vielleicht die Nachfolge der Erbsünde. Haben wir die Möglichkeit aus dem Teufelskreis herauskommen? Gibt es ein Heilmittel dagegen? Jesus hat uns das Gebot der Gottesliebe und Menschenliebe gebracht. Die Liebe ist das Heilmittel gegen unsere Verletzungen, gegen unser „nicht-verzeihen-können" und gegen andere schlechte Dinge in unserem Herzen. Wer weiß, wie viele schöne Ideen, ehrliche Freundschaften und gute Familien wir retten könnten, wenn wir unsere Herzen der Liebe öffnen würden. Lassen wir Jesus uns durch seine Liebe helfen, sonst verlieren und vernichten wir alle schönen Dinge, die wir im Leben erleben könnten. Amen.

4. Sonntag im Jahreskreis

Liebe Schwestern und Brüder, in der heutigen zweiten Lesung geht es um die Grundlage unseres Glaubens. Was ist eigentlich die Grundlage unseres Glaubens? Der Heilige Paulus schreibt, dass es das Evangelium ist: „Durch dieses Evangelium werdet ihr gerettet, wenn ihr an dem Wortlaut festhaltet, den ich euch verkündet habe." Also wir sind durch das Evangelium geheilt und gerettet. Das heißt, wir können durch das Evangelium das ewige Leben erhoffen. Deswegen ist das Thema der heutigen Lesung so wichtig. Jetzt kommt die Frage: „Wie können wir durch das Evangelium gerettet werden?“ Was sollen wir machen, um durch das Evangelium gerettet zu werden? Sollen wir es auswendig lernen? Sollen wir uns vielleicht eine schöne Bibel kaufen und diese dann mit uns in den Sarg legen lassen? Das ist nicht das Ziel und der Sinn der Paulusaussage. Wenn er schreibt: „An dem Wortlaut des Evangeliums sich festhalten“ meint er eher den Inhalt des Evangeliums. Was ist eigentlich der Inhalt des Evangeliums, der Frohen Botschaft? Was ist das Wichtigste in der Botschaft, die uns Paulus hinterlassen hat? Er erklärt es weiter mit den Worten, wo er schreibt: „Denn vor allem habe ich euch überliefert, was auch ich empfangen habe: Christus ist für unsere Sünden gestorben…und ist begraben worden. Er ist am dritten Tag auferweckt worden,…“ Jetzt ist es klar geworden. Das, was uns rettet, das, was uns das ewige Leben gibt, ist Jesus Christus, der für unsere Sünden gestorben ist, begraben wurde und auferstanden ist. Das ist die Grundlage und das Zentrum unseres Glaubens. Es geht nicht um die Kenntnis des Evangeliums, was auch wichtig ist. Es geht eher um den Glauben, um die Überzeugung, dass Jesus Christus durch seinen Tod und seine Auferstehung uns retten kann. In vielen Märchen, die wir aus unserer Kindheit kennen, haben die Hexen oder die Zauberer manche Menschen durch bestimmte Zauberformeln in Steine oder andere Gegenstände verwandelt. Um von einem solchen Fluch befreit zu werden, sollte man die richtige Zauberformel finden, die die Menschen wieder befreien kann. In solchem Sinn sollen wir den „Wortlaut des Evangeliums“ auf keinen Fall verstehen. Wenn es um das Evangelium geht, ist das ganz anders. Es geht nicht um einen Wortlaut, der uns wie ein Zauberwort rettet und uns das ewige Leben versichert. Es geht um den Glauben. Um den Glauben an den Inhalt des Evangeliums, nämlich, dass Jesus Christus uns durch seine Auferstehung gerettet hat und uns das ewige Leben versprochen hat. Der Glaube an die Auferstehung hat seinen festen Grund. Es gab Zeugen der Auferstehung. Der Heilige Paulus schreibt über mehr als fünfhundert Menschen, denen sich Jesus nach der Auferstehung gezeigt hat. Das sind die Zeugen der Auferstehung. Das Neue Testament ist auch eine Sammlung der Zeugnisse der Auferstehung. Solche Zeugnisse wurden uns überliefert. Ob ich aber daran glaube ist eine andere Sache. Das ist meine persönliche Entscheidung. Jeder muss die Entscheidung treffen. Wenn ich aber schon glaube, kann ich sicher sein, dass ich gerettet werde, dass ich das ewige Leben geschenkt bekomme. Amen.

5. Sonntag im Jahreskreis

Liebe Schwestern und Brüder; „ Selig, ihr Armen… Selig, die ihr jetzt hungert… Selig, die ihr jetzt weint... Selig seid ihr, wenn euch die Menschen hassen und aus ihrer Gemeinschaft ausschließen...“ Diese Worte aus dem heutigen Evangelium klingen ein bisschen merkwürdig. Sie passen überhaupt nicht zu unserer Zeit. Heute zählt in unserer Gesellschaft etwas ganz anderes, nämlich Gesundheit, Erfolg, reich zu sein, lustig zu sein, hohe Position, Prestige. Trotzdem hat Jesus in seiner „Bergpredigt“ andere Menschen erwähnt und gesagt, dass sie selig, glücklich sein können. Etwas stimmt nicht. Vielleicht ist das Evangelium Jesu nicht mehr aktuell? Sollen wir vielleicht das jetzt ändern, damit es zur heutigen Zeit passt? Ich weigere mich davor. Mir würde es lieber sein, wenn wir uns überlegen, was uns Jesus sagen wollte, statt das Evangelium Jesu zu ändern. Wie soll man es verstehen? Einen Hinweis, der uns dabei helfen kann sind die Worte in der ersten Lesung, wo der Prophet Jeremia sagt: „Verflucht der Mann, der auf Menschen vertraut, auf schwaches Fleisch sich stützt, und dessen Herz sich abwendet vom Herrn. Gesegnet der Mann, der auf den Herrn sich verlässt und dessen Hoffnung der Herr ist.“ Viele haben schon die Erfahrung: wenn ich alles habe, wenn ich jung, reich und schön bin, brauche ich eigentlich von niemandem eine Hilfe. Ich kann alles haben, was ich will. Eigentlich brauche ich auch Gott nicht. Und das ist die Gefahr. Wenn ich aber in der Not bin, wenn ich krank bin, besonders wenn ich schwer krank bin, wenn ich von den Menschen enttäuscht bin, wende ich mich leichter an Gott. In dem Fall weiß ich, dass ich selber kraftlos bin. Dann kehre ich meine Augen zu Gott hin. Von meiner Erfahrung kann ich sagen, dass ich nie so intensiv gebetet habe, als ich in der Not war, als ich keine Lösung gesehen habe, als ich krank war und nicht gewusst habe, wie das alles weiter wird. Damals habe ich die schönste Bibelstelle gemerkt, damals habe ich die schönen Texte in den Psalmen gemerkt, obwohl ich schon vorher die Texte oft gelesen habe. Ich wünsche niemandem, auch mir nicht eine Not, eine Krankheit. Ich wollte nur sagen, dass in diesen Momenten wir leichter den Weg zu Gott finden. In dem sehe ich auch die Bestätigung fürs heutige Evangelium. Der Text ist für mich ein Trost. Für mich ist er eine große Hilfe. Ich bin überzeugt, dass es im Leben der Gläubigen keine so schlechte Situation gibt, von der es keinen Ausweg gibt. Es gibt Gott, der uns helfen kann, der uns Trost bringt. Als das Evangelium geschrieben worden ist, waren die Apostel und andere Gläubige sehr arm, verfolgt und ausgeschlossen. Die Worte Jesu aus der „Bergpredigt“ waren für sie Hoffnung und Trost, dass Jesus bei ihnen immer da ist. Dieser Trost ist auch für uns vorgesehen, besonders wenn es uns sehr schlecht geht. Und jetzt kommen wir zu der zweiten Lesung, wo der heilige Paulus über die Auferstehung schreibt. Die Auferstehung Jesu ist für uns der Grund unseres Trostes und unserer Hoffnung. Ohne Auferstehung Jesu und unserer Auferstehung bleiben die Armen arm, die Weinenden traurig, die Ausgeschlossenen ausgeschlossen. Die Auferstehung bringt eine neue Dimension in unser christliches Leben, sonst wäre das Evangelium nur ein billiger Trost ohne Hoffnung für alle, denen es nicht gut geht. Auch wenn wir die Umstände unseres Lebens nicht ändern können bleibt uns die Hoffnung, dass Jesus immer bei uns ist. Amen.

6. Sonntag im Jahreskreis

Liebe Schwestern und Brüder, als ich in Israel war, waren wir einmal auf einem Hügel bei Jerusalem. Von dort konnten wir einen Friedhof sehen. Er lag außerhalb der Mauer der Stadt. Da hat unsere Führerin erklärt, dass die Juden nie ihre Toten in der Stadt begraben haben. Für die Toten war kein Platz zwischen den Lebenden. Das passt genau zu dem heutigen Evangelium. Ein großer Umzug geht aus der Stadt hinaus. Ein junger Toter liegt auf der Bahre, dann geht die weinende Mutter und eine große Menge Menschen, die ihr Mitleid zeigen wollen. In demselben Moment geht Jesus mit seinen Jüngern und auch eine große Menge, die Jesus nachgefolgt ist. Die zwei Umzüge treffen sich vor dem Stadttor. Ein Umzug des Todes und ein Umzug des Lebens mit Jesus am Beginn. Was gewinnt? Tod oder Leben? Weinen oder Freude? Der Tod zerreißt die Verbindung der Liebe, der Tod bringt uns viel Schmerz und Angst. Dem Tod kann niemand entkommen. Jesus hat die Frau und ihren Schmerz gesehen, Er konnte nicht vorübergehen. Er hat die schwierige Situation der Frau gewusst. Die Situation einer Witwe war damals sehr schwer. Die Frauen waren finanziell abhängig von ihren Männern. Mit dem Tod des Mannes war seine Frau in einer schwierigen Situation. Da war keine soziale Versicherung. Und dann kommt noch der Tod des einzigen Kindes. Eine solche Situation konnte nur Verzweiflung auslösen, aber auch Mitleid erwecken. Bei Jesus hat sie Mitleid erweckt, aber nicht Verzweiflung. Er hat das Mitleid gezeigt, aber auch seine Macht über den Tod. Bevor Er auferstanden ist, hat Er bewiesen, dass Er eine Macht hat, die größer als der Tod ist. Das Leben hat gewonnen. Das Weinen hat sich in Freude gewandelt. Jesus hat den Tod besiegt. Obwohl der Mann dann einmal sterben musste, war der Tod nicht so schmerzhaft, wie in dieser Situation. Manche Erklärungen der Bibelstelle sehen nur die sozialen Verhältnisse, dass Jesus ein sehr guter Mensch war und allen geholfen hat. Damit übersehen sie den zweiten viel wichtigeren Faden des Ereignisses, nämlich, dass Jesus seine Macht gezeigt hat, dass Er der Herr des Lebens ist. Das kann man nur mit der Verbindung mit der Auferstehung Jesu begreifen. Obwohl alle Menschen sterben müssen, hat der Tod nicht das letzte Wort. Das letzte Wort hat Jesus mit seiner Auferstehung und dem ewigen Leben.

7. Sonntag im Jahreskreis

Liebe Schwestern und Brüder, seit unserer Kindheit lernen wir ständig: Das ist gut, das ist schlecht, auf das muss man aufpassen, dies ist harmlos. Im Laufe der Jahre lernen wir auch etwas über den Menschen. Der eine ist liebevoll, der andere ist grantig. Der ist gut, aber dieser ist schlecht. Wir sammeln die Erfahrung, und das ist gut. Das hilft uns, in unserer Gesellschaft zu funktionieren. Ohne solche Erfahrungen kann man sich unser Leben nicht vorstellen. Wir lernen leider auch das Beurteilen. „Er ist ein guter Mensch, aber dem ist es besser, aus dem Weg zu gehen, und der dort ist so schlimm, dass es unmöglich ist, ihn zu ändern." Schuldig oder unschuldig, oft ohne zu fragen. So funktioniert unsere Gesellschaft. Eigentlich ist es nichts Neues. Im heutigen Evangelium hat auch der Pharisäer beim Essen schon seine Beurteilung gehabt: „Eine Sünderin, die in der Stadt bekannt ist, was will sie hier. Ich habe doch Jesus eingeladen und sie, durch ihre Gegenwart, verdirbt meine Feier. Sie soll sich bekehren und dann kommen. Was will sie von Jesus. Er soll sie wegschicken, sie ist doch allen eine bekannte Sünderin." Gott sei Dank, Jesus denkt anders. Für Ihn ist jeder Mensch wertvoll, unabhängig von dem Urteil der Gesellschaft. Er kann auch das Gute in jedem sehen, wo die Menschen schon lange nichts Gutes sehen, wo sie schon die Person gestrichen haben. Er hat der Frau was anderes gegeben, als die Gesellschaft, als die Menschen. Er hat ihr eine neue Hoffnung gegeben. In Jesus hat die Frau die letzte Chance gesehen. Und es ist passiert: „Deine Sünden sind dir vergeben. Dein Glaube hat dir geholfen. Geh in Frieden." Mit dem Frieden ist sie nach Hause gegangen. Sie, nicht die anderen, die sie verurteilt haben. Sie hat den Frieden bekommen, nicht die, die in der Gesellschaft als sogenannte bessere Schicht bezeichnet sind. Sie hat vielleicht schon lange vergeblich nach der wahren Liebe gesucht. Statt der wahren Liebe hat sie vielleicht ein paar glückliche Momente in den Armen der Männer bekommen. Dann aber hat sie gemerkt, dass sie nur gebraucht worden ist, die Männer zu befriedigen, und nachher wurde sie ausgespuckt, wie ein Kaugummi. Statt der wahren Liebe hat sie die Etikette: Sünderin bekommen. Jesus war für sie die letzte Chance. Und sie wurde nicht enttäuscht. Vielleicht das erste Mal im Leben hat sie die wahre Liebe gespürt. Die wahre Liebe, die nicht ausnutzt, die nicht nur nimmt, die gibt und weiter geben will, die wahre Freude bringt und glücklich macht. Das hat sicher ihr Leben geändert. Sehr interessant ist die Erklärung Jesus: Wem viel vergeben wurde, der liebt mehr. Manchmal ist man im Leben streng. Die Urteile treffen wir sehr schnell. „Es ist unvorstellbar. Wie kann man so dumm sein und solche Dinge machen?" Vielleicht klingt das merkwürdig, aber wenn wir selbst verzagen, wenn wir selbst was Schlimmes machen, wenn wir durch unsere schlechten Taten auf dem Boden zerstört sind, wenn wir ganz niedergefallen sind, können wir die Anderen besser verstehen. Und noch eines: Wenn ich gesündigt habe, kann ich mich schneller zu Gott wenden. Dann merke ich, dass auch das, dass ich gut bin, eine Gnade ist. Nicht von selbst bin ich gut. Das ist ein Geschenk von Gott. Die Verzeihung ist auch ein besonderes Geschenk. Die sogenannten guten, tadellosen, perfekten Menschen, sage ich jetzt ironisch: brauchen Gott überhaupt nicht. Sie sind schon perfekt. Das widerspricht dem, was wir in der zweiten Lesung gehört haben. Das betont der hl. Paulus ganz stark: durch den Glauben sind wir geheilt, nicht durch unsere guten Taten. Dasselbe hat auch Jesus heute gesagt: „Dein Glaube hat dir geholfen. Geh in Frieden." Der, dem mehr vergeben wird, liebt mehr. Ich bin froh, dass ich an Gott glaube, der ständig bereit ist, mir zu verzeihen. Amen.

8. Sonntag im Jahreskreis

Liebe Schwestern und Brüder; „Für wen halten mich die Leute? Für wen haltet ihr mich?" hat Jesus die Jünger gefragt. Diese Fragen stehen in dem 8. Kapitel des Lukasevangeliums, also relativ am Anfang. Warum hat Jesus den Aposteln diese Frage gestellt? Und warum fast am Anfang seiner Wirkung? Die Apostel haben schon einige Wunder Jesu gesehen, sie haben seine Gleichnisse gehört, und jetzt kommt eine kleine Prüfung: Wer ist Jesus für die Apostel. Warum war die Frage so wichtig? Die Apostel, die Jesus begleiteten, haben langsam sein Geheimnis entdeckt, dass Jesus eine außergewöhnliche Person ist. Langsam hat sich in ihren Köpfen eine Ahnung über Jesus gestaltet. Wer ist der, der so schön redet? Wer ist der, der solche Wunder tut? Um das zu verstehen, dass Jesus der Sohn Gottes ist, braucht man viel Zeit. Aber Jesus wollte vielleicht bereits jetzt wissen, wie weit schon die Apostel sind. Und dann haben wir eine treffende Antwort von Petrus gehört wo er ganz deutlich sagt, dass Jesus der Messias Gottes für ihn ist. Er ist Jesus nachgefolgt, er hat Ihn beobachtet, und dann hat er das Glaubensbekenntnis ausgesprochen, dass Jesus von Gott gesandt worden ist. Sein Denken war ganz korrekt: Jesus anschauen und dann die Ergebnisse verfassen. Es ist auch ein Hinweis für uns, wie wir Jesus kennenlernen sollen: aus der Beobachtung kommen die Ergebnisse, nicht umgekehrt. Ich habe schon Menschen getroffen, die ihre eigene Vorstellung von Jesus haben. Teilweise ist die Vorstellung durch die Bibel gestaltet, teilweise durch verschiedenste Strömungen der Philosophie und auch durch eigenes Denken. Wenn ein Teil des Evangeliums zu ihrem Vorbild nicht passt, oder die Aussage Jesu zu scharf ist, sagen sie sogar, dass es sicher ein Missverständnis sein müsse, oder die Autoren des Evangeliums haben etwas falsch verstanden oder falsch geschrieben. Soll es so sein, dass wir die Bibel unserer Vorstellung anpassen dürfen? Ganz im Gegenteil, wenn ich das richtige Bild von Jesus wissen will, muss ich die Bibel lesen und dann eine Vorstellung in meinem Kopf gestalten. Jesus ist der Sohn Gottes, der Messias Gottes. Das hat doch der Petrus gesagt, und Jesus hat dem nicht widersprochen. Dann aber sagt Jesus die Ergänzung. Er hat eine wichtige Aufgabe in der Welt. Er ist gekommen, um uns zu ermöglichen, geheilt zu werden, um im Himmel ewig glücklich zu sein. Der Preis ist doch auf keinen Fall niedrig. Der Preis ist sein Leiden und sein Tod und erst dann die Auferstehung. Das Leiden und der Tod gehören auch zu dem Bild Jesu. Das Leiden gehört auch zu unserem Leben. Jesus hat das ganz deutlich gesagt: „Wer mein Jünger sein will, der verleugne sich selbst, nehme täglich sein Kreuz auf sich und folge mir nach.“ Ein Jünger Jesu zu sein ist ein schönes Abenteuer, aber es kann auch oft schwierig sein. Es ist manchmal ein Kampf. Auch der Kampf um den Glauben. Auch der Kampf, wenn wir nicht alles im Leben verstehen, besonders, wenn wir die Bedeutung des Leidens, des Kreuzes nicht verstehen. Jesus hat nicht gesagt, dass das Leben seiner Jünger problemlos wird. Andererseits verlangt Jesus nicht, dass wir uns das Leben schwer machen, dass wir künstlich das Kreuz suchen. Wir sollen unser eigenes Kreuz tragen. Wenn es mir gut geht, soll ich Gott danken, wenn es mir schlecht geht, soll ich geduldig mein Kreuz tragen und vielleicht sehen, was Gott mir durch das Kreuz sagen will. Wir brauchen das Leiden und das Kreuz nicht zu suchen, aber, es ist auch meine Erfahrung, jedes Leiden, jede Krankheit, jede schwierige Situation können mir helfen, reifer zu werden. Aus jeder solchen Situation kann ich was lernen, wenigstens, dass ich die Nähe Gottes mehr spüren kann. Amen.

9. Sonntag im Jahreskreis

Liebe Schwestern und Brüder; das heutige Evangelium hat zwei Teile. Das Hauptthema des Wortes Gottes ist Berufung. Ich will mich aber auf den ersten Teil des Evangeliums konzentrieren. Bei der Gelegenheit will ich was erklären. Jesus ist auf dem Weg nach Jerusalem. Er geht mit den Jüngern durch Samaria. Die erste Frage ist: warum haben die Menschen in dem samaritischen Dorf Jesus keine Unterkunft gegeben? Um das zu verstehen, muss man manche Dinge von der jüdischen Geschichte wissen. Nachdem Israel im 8. Jahrhundert vor Christus durch Assyrien erobert wurde, wurden viele Juden dorthin übersiedelt. Und von Assyrien wurden Menschen nach Samaria in Israel gesiedelt. Sie waren keine Juden, und deswegen waren sie unbeliebt. Die Samariter haben dasselbe vergolten. Es ist eine Spannung entstanden. Ein Beispiel haben wir im heutigen Evangelium gehabt. Die Apostel waren böse, weil die Samariter Jesus nicht empfangen wollten. Jakobus und Johannes haben schon eine Lösung vorbereitet, nämlich die Vernichtung. Warum wollten die Samariter Jesus nicht? Warum haben die Apostel so heftig reagiert? Um das zu verstehen, soll man die Mentalität der östlichen Menschen besser kennenlernen. Bei den Abendländischen, besonders in Westeuropa, gehört es zum guten Ton, unsere Mitteilungen mit schönen Worten zu schmücken. Wir packen sie oft schön ein, und dazu geben wir noch ein Lächeln, obwohl es nicht immer ehrlich ist. Egal, was ich spüre, ich muss immer höflich und freundlich sein. Einerseits ist das sehr gut, weil wir uns bemühen, niemanden zu verletzen. Andererseits kommen dadurch zahlreiche Missverständnisse. Ganz anders reagieren die Menschen im Osten. Sie sagen einfach, was sie denken. Sie zeigen ihre Gefühle, wie die Apostel heute. Das hat seine Nachteile. Dadurch kann man Menschen verletzen. Andererseits ist eins sicher: ich weiß, was mein Gesprächspartner denkt und spürt. Es gibt auch ein Sprichwort: „Was im Herzen ist, das soll auch auf der Zunge sein.“ Mir geht es heute aber nicht um die Bräuche. Ich will die heutige Bibelstelle mehr verständlicher machen. Die Apostel wollten aus Rache die Samariter vernichten. Sie konnten das nicht verstehen, warum die Samariter Jesus nicht empfangen hatten. Statt versuchen zu verstehen, wollten sie die Strafe, oder vielleicht auch die Rache. Jesus hat die ganze Situation beruhigt. Er hat gewusst, dass der Weg der Rache kein guter Weg ist. Die Samariter haben Jesus nicht gewollt, und Er hat das akzeptiert, obwohl Er Sohn Gottes war. Entweder nimmt man Jesus mit Liebe oder gar nicht. Wie man niemanden zur Liebe zwingen kann, genauso kann man auch niemanden zum Glauben zwingen. Entweder liebt man oder liebt man nicht, entweder glaubt man oder glaubt man nicht. Gott hat uns sehr geliebt und reichlich beschenkt. Unter den Geschenken hat Er uns auch den freien Willen geschenkt. Gott hat uns den freien Willen geschenkt, und Er respektiert ihn. Auch wenn ein Mensch Ihm nein sagt. In dem Fall schadet der Mensch sich selbst. Für mich persönlich kommen aus der heutigen Bibelstelle zwei Hinweise. Erstens: Ich mag es nicht, wenn mich jemand zu den Dingen zwingt, die ich nicht will. Dasselbe muss ich auch bei meinen Mitmenschen akzeptieren, sonst entstehen Konflikte. Den freien Willen der anderen Menschen muss man immer akzeptieren. Zweitens: Ich soll die Wahrheit sagen, höflich aber ehrlich, wie es Jesus einmal gesagt hat: unser „Ja“ soll - ja sein und unser „Nein“ - nein. Sonst entstehen viele Missverständnisse, und das wollen wir nicht.

10. Sonntag im Jahreskreis

Liebe Schwestern und Brüder, heute feiert unser Nachbarpfarrer sein goldenes Priesterjubiläum. Vor kurzem habe ich mein zwanzigstes Jahr als Priester begonnen. Als ich das heutige Evangelium gelesen habe, habe ich gedacht, dass es besonders uns Priester betrifft. Wenn ich jetzt auf die 19 Jahre meines Priestertums zurückblicke, sehe ich, dass mein Lebenslauf kein Zufall war. Gute und schlechte Ereignisse in meinem Leben haben mich nach Aspang geleitet. Der Zölibat, der letztlich so kritisiert wird, ist mit dem Priestertum verbunden. Er ist auch eine Herausforderung. Besonders, wenn ich glückliche Familien sehe, ist die Sehnsucht nach einer Familie stark. Er ist also ein Opfer, aber ein Opfer, das einen Sinn hat. Ich weiß nicht, ob wir Priester unsere Berufung besser erfüllen würden, wenn wir verheiratet wären. Statt das zu überlegen, will ich euch ein paar Gedanken zum heutigen Evangelium im Zusammenhang mit meinem Leben mitgeben. „Die Ernte ist groß, aber es gibt nur wenig Arbeiter." Bevor ich nach Österreich gekommen bin, habe ich nie so stark gespürt, dass es so wenig Priester gibt. In dem Moment sehe ich meine Entscheidung, zu Euch zu kommen, als eine treffende Entscheidung. Das macht mich auch glücklich, wenn ich mich gebraucht fühle. Das hilft mir, die Schwierigkeiten leichter zu überwinden. „Bittet also den Herrn der Ernte, Arbeiter für seine Ernte auszusenden." In dem Satz Jesu sehe ich eine Aufgabe für uns, damit wir um zahlreiche gute Berufungen bitten. „Ich sende euch wie Schafe mitten unter die Wölfe." Das würde ich nicht auslegen. „Nehmt keinen Geldbeutel mit..." bedeutet für mich, dass Gott durch die guten Menschen nie zulässt, dass ich verhungere. In dem Moment sehe ich die vielen Menschen, die sich um mich gekümmert haben und alles Gute, das ich erfahren durfte. „Friede diesem Haus..." bedeutet für mich, dass ein Priester den Frieden von Gott den Menschen schenken soll. Den Frieden als Geschenk soll ich weiter schenken. Von manchen Priestern strahlt der Friede aus. Es ist nur möglich, wenn er den Frieden in einer tiefen Verbindung mit Gott geschenkt bekommen hat. „Zieht nicht von einem Haus in ein anderes!" bedeutet für mich, dass ich bleiben soll, wohin ich vom Herrn Kardinal geschickt worden bin, bis meine Aufgabe erfüllt ist .Nicht, dass ich mir immer die beste Pfarre aussuchen kann. „Sag den Leuten: Das Reich Gottes ist euch nahe." bedeutet für mich: Dein Glück ist ganz nahe, dein Glück brauchst du nirgendwo zu suchen- im Geld, im Reisen, im Wechsel deines Partners. Dein Glück kann die tiefe Verbindung mit Gott sein, deine gut erfüllten Aufgaben als Vater, als Mutter, als Priester, als Alleinstehender. Ein gemeinsames Mittagessen mit deiner Familie, ein gemeinsames Gebet, eine schöne heilige Messe, ein Lächeln, ein Kuss deiner Nächsten für einen guten Morgen, gemeinsame Pläne. „Heilt die Kranken" bedeutet für mich: Mehr die

Seele heilen durch ein gutes Gespräch, besonders durch die Vergebung der Sünden bei der Beichte. In dem Bereich habe ich schon viel Freude erlebt, besonders, wenn ich im Namen Gottes die Vergebung der Sünden in der Beichte schenken konnte, oder wenn ich die Menschen nach einem guten Gespräch glücklich nach Hause gehen sehen konnte. Die Apostel sind, nach der Erfüllung der Aufgabe, glücklich und voll Freude zurückgekommen. Nach meinen 19 Jahren als Priester kann ich ganz ehrlich sagen, dass ich glücklich bin, dass ich Gott „Ja" gesagt habe. Ich finde mein Leben erfolgreich. Ich fahre jetzt gerne auf Urlaub, weil ich weiß, dass es für mich gut ist, aber mit großer Freude komme ich zurück, weil ich weiß, dass ich gebraucht werde. Ich habe schon viele Pläne für das nächste Jahr. Durch den Urlaub werden sie vielleicht noch reifer sein. Ich freue mich schon auf die neuen Aufgaben. Amen

11. Sonntag im Jahreskreis

Liebe Schwestern und Brüder, auf unserer Reise in Israel sind wir einmal von Jerusalem nach Jericho gefahren. Jerusalem liegt ca. 800 Meter über dem Meeresspiegel, Jericho 250 Meter unter dem Meeresspiegel. Es ist eine unheimliche Gegend. Nur kleine Berge, Steine, und fast keine Flora. Ein idealer Platz für einen Überfall – auch in der Geschichte Jesu ist es passiert. Ein Mann wird von Räubern überfallen. Da kommt ein Priester vorbei. Er hat den Armen gesehen und er hat nicht geholfen. Vielleicht wollte er nach dem Dienst im Tempel zu seiner Familie, vielleicht hatte er Angst, dass es eine Falle ist und die Räuber auch auf ihn warten. Warum hat er nicht geholfen - das wissen wir nicht. Der Levit hat auch nicht geholfen. Da kommt ein Samariter und er hilft. Warum hat Jesus in der Geschichte einen Samariter als Helfer gebraucht? Vor kurzem habe ich in meiner Predigt erklärt, dass die Samariter fast Feinde zu den Juden waren, und jetzt hilft in der Geschichte ein Samariter. Um die Hinweise Jesu besser verstehen zu können, sollen wir überlegen, warum und wem Jesus die Geschichte erzählt hat. Ein Gesetzeslehrer wollte Jesus auf die Probe stellen und hat gefragt: „Was sollen wir tun um das Himmelreich zu erreichen und welches Gebot ist das Allerwichtigste?" Da haben wir eine klare Antwort bekommen, nämlich die Gottesliebe und die Nächstenliebe. Ganz einfach und nicht so kompliziert wie viele eifrige Christen das glauben. Wenn wir die zwei Gebote halten würden, bräuchten wir nichts mehr machen. Wenn jemand Gott und die Menschen liebt, wird er nichts Böses tun. Die zwei Gebote reichen, um vollkommen zu sein. Wenn wir sie halten würden, würden wir das ganze Gesetz erfüllen. Da würde eine schöne Harmonie in unserer Gesellschaft geleistet werden. Als Jesus die Frage beantwortet hat, kam die nächste Frage: „Wer ist mein Nächster?“ Als Antwort erzählt Jesus eine Geschichte, in der ein Samariter geholfen hat. Was wollte uns Jesus dadurch sagen? Für mich ist es klar: Mein Nächster ist der, der meine Hilfe braucht, unabhängig von der Nationalität, unabhängig von meinem Vorurteil. Wenn dem Menschen in der Geschichte ein Fremder geholfen hat, bedeutet es für mich, dass jeder Mensch mein Nächster ist. Es ist sicher leichter mit Liebe Menschen zu behandeln, die zu uns gut sind. Viel schwieriger ist es Menschen zu lieben, die uns nicht lieben, oder die uns verletzt haben. Dies geht sicher nicht sofort. Es ist eine Aufgabe für das ganze Leben. Es ist ein Prozess vergeben zu können. Jesus hat die Geschichte nicht nur für die damaligen Menschen erzählt. Er hat sie auch für uns erzählt, für dich und für mich. Was bedeutet das für uns, für mich und für dich? Für mich persönlich gilt folgendes: Nichts ist so wichtig wie die Nächstenliebe, alle Aufgaben können warten. Der heiliger Vinzenz von Paul hat gesagt: „Wenn du betest und in dem Moment braucht jemand deine Hilfe, sollst du ihm helfen. Deine Hilfe ist wie eine Fortsetzung deines Gebets.“ Das bedeutet aber nicht, dass das Gebet nicht wichtig ist. In der Kirche gab es eine Zeit, wo entweder das Gebet oder die Nächstenliebe an erster Stelle stand und das Zweite ein bisschen vernachlässigt war, oder umgekehrt. Weder das Erste noch das Zweite war richtig. Das Gebet – die Gottesliebe soll die Quelle und Ergänzung für die Nächstenliebe sein. Die Taten der Nächstenliebe und die Barmherzigkeit sollen ihre Quelle in der Verbindung mit Gott im Gebet haben. Eine solche Form der Liebe entspricht dem, auf das Jesus uns heute hingewiesen hat, damit wir Gott und die Menschen lieben und dadurch das Himmelreich erreichen können. Das ist doch unser Ziel. Amen.

12. Sonntag im Jahreskreis

Liebe Schwestern und Brüder, über Gebet wurde schon viel geschrieben. Über Gebet kann man stundenlang predigen. In meiner, hoffe ich, kurzen Predigt, will ich ein paar Gedanken übers Gebet mitteilen. Es gibt viele Definitionen des Gebets. Unter denen gefällt mir die, wo ein Gebet als ein Gespräch mit Gott bezeichnet ist. Das entspricht dem, was wir in der ersten Lesung gehört haben, wo Abraham mit Gott redet, wie mit einem Freund. Er sagt seine Gedanken, er fragt und Gott antwortet. Es ist faszinierend, dass schon im Alten Testament Gott als Gesprächspartner, fast als Freund bezeichnet ist. Nicht als Gott, der irgendwo weit entfernt ist. Er ist wie ein Freund, dem man alles sagen kann. Ihm kann man seine Freude sagen, aber auch seine Bitten und seine Sorgen. Abraham bittet in der heutigen Lesung um Barmherzigkeit, um Vergebung für die Einwohner von Sodom und Gomorra. Als er schon ein bisschen etwas bei Gott erreicht hat, geht er weiter und er bittet um noch mehr. Er wollte von Gott immer mehr. Beim Lesen der Geschichte hat man den Eindruck, dass Abraham ein bisschen frech ist, er bittet immer um noch mehr. Im Endeffekt ist seine Bitte nicht frech, sie ist zielstrebig, sie ist hartnäckig. Er geht weiter, er überprüft quasi die Grenze der Barmherzigkeit Gottes. Und er hat das bekommen, um was er gebeten hatte. So soll auch unser Gebet sein. Damit unser Gebet beharrlich wird, hat uns Jesus im Evangelium bestätigt: „Darum sage ich euch: Bittet, dann wird euch gegeben; sucht, dann werdet ihr finden; klopft an, dann wird euch geöffnet. Denn wer bittet, der empfängt; wer sucht, der findet; und wer anklopft, dem wird geöffnet." Jetzt kommt vielleicht die nächste Frage: Warum sollen wir beten? Mein Neffe geht nicht gerne in die Kirche. Er fragt immer meinen Bruder: Warum sollen wir jeden Sonntag in die Kirche gehen? Liebe Schwestern und Brüder, so lange ein Gebet für uns eine Belastung oder eine unnötige Sache ist, haben wir den Sinn des Gebets nicht verstanden. Nächste Frage ist: Wie sollen wir beten? Jeder hat seine Art vom Gebet. Man darf nicht sagen, dieses Gebet ist besser und dieses nicht. Jeder von uns ist anders, und jeder von uns soll seine eigene Form des Gebets finden. Das können formulierte Gebete sein, das kann auch, wie bei Abraham ein freies Gespräch mit Gott sein. Jesus hat uns in dem Vaterunser ein Muster hinterlassen. Nach dem Muster sollen wir unser Gebet gestalten. Es gibt sowohl ein individuelles Gebet, als auch ein gemeinsames Gebet. Wenn es um das gemeinsame Gebet geht, hat uns Jesus und dann die Kirche das wertvollste Gebet hinterlassen, nämlich die heilige Messe. Da beten wir gemeinsam mit Jesus, mit der ganzen Gemeinde. Die Kirche findet die heilige Messe sehr wichtig. Deswegen sind wir auch verpflichtet, jeden Sonntag an der heiligen Messe teilzunehmen. Und schon wieder; solange die heilige Messe für dich eine Belastung ist, eine unnötige Sache ist, bist du weit vom Ziel der heiligen Messe entfernt. In dem Moment, wo du merkst, dass das Gebet, die heilige Messe ein Ort deiner Ruhe und Geborgenheit ist, wo du im Gebet, in der heiligen Messe, einen Ort der Stille und Zuflucht findest, hast du das Ziel des Gebets und der heiligen Messe verstanden. Dann entsteht immer wieder die Sehnsucht nach Gebet und nach einer heiligen Messe. Dann findest du im Gebet die Ruhe, dein Glück und den Vorgeschmack des Himmels. Wenn ich jemanden liebe, ist die Zeit mit ihm nie zu lang. Ich will so viel wie möglich Zeit mit ihm verbringen. Gott ist doch unser Freund und das Ziel unserer Liebe. Dann ist jede Minute mit ihm im Gebet eine glückliche Zeit. Amen.

13. Sonntag im Jahreskreis

Liebe Schwestern und Brüder, ein Streit um das Erben gehört zum Bittersten, was in einer Familie, unter Verwandten passieren kann. Er zerreißt die Familien und zerstört die familiäre Liebe, die so schön und so wichtig ist. Für lange Zeit kann er schöne Beziehungen in der Familie vergiften. Das war auch ein Problem im heutigen Evangelium. Jesus nutzte die Situation, um uns auf ein wichtiges Problem aufmerksam zu machen, nämlich unsere Relation zum Eigentum, zum Reichtum. Er erzählt eine Geschichte über einen Großbauer, der eine große Ernte hatte. Obwohl die Geschichte über einen Bauer ist, betrifft das Problem nicht nur die Bauern, es betrifft uns alle. Er hat den Ausbau seiner Scheunen geplant, damit er viele Jahre ruhig leben kann. Alles war bis zum letzten Detail geplant. Viele glückliche, sorglose Jahre stehen vor mir - hat er gedacht. Die Wirklichkeit aber war sehr bitter für ihn. Er sollte schon in der nächten Nacht sterben. Eine traurige Geschichte. Was wollte uns Jesus in der Geschichte sagen? Vor was will er uns warnen? Hat er etwas gegen unsere fleißige Arbeit? Gegen gutes, erfolgreiches Wirtschaften? Hat er etwas gegen unser Glück? Sicher nicht. Jesus hat doch viele Gleichnisse erzählt, wo er eine gute Arbeit, gute Pläne lobte. Zum Beispiel das Gleichnis über die Talente, wo der Mann, der nichts gemacht hat, bestraft wurde, und die zwei, die sein Vermögen vermehrt haben, wurden gelobt. Arbeit, Entwicklung, vernünftiges Leben wurden immer von Jesus gelobt. Wir haben doch von Gott unsere Begabung, unsere Talente bekommen, damit wir sie entwickeln und dadurch unsere Existenz sichern können. Wenn es so ist, worum geht es Jesus in der scharfen Aussage? Er nennt den Großbauer: „Ein Narr." Die Antwort kann man viel leichter finden, als wir denken. Ganz am Anfang sagte Jesus: „Gebt acht, hütet euch vor jeder Art von Habgier. Denn der Sinn des Lebens besteht nicht darin, dass ein Mensch aufgrund seines großen Vermögens im Überfluss lebt." Also das Problem ist nicht das Vermögen, das Besitzen, das Problem ist nicht fleißige Arbeit oder das gute Wirtschaften. Das Problem beginnt in dem Moment, wo wir denken, dass unser Vermögen uns die Zukunft sichern kann. Nicht die Arbeit, nicht das Planen, aber die naive Zuversicht des Großbauers war der Grund, ihn Narr zu nennen. „Nun hast du einen großen Vorrat, der für viele Jahre reicht. Ruh dich aus, iss und trink, und freu dich des Lebens!" - hat er gedacht, als ob in dem Reichtum seine Zukunft gesichert sein würde. Ich habe alles, was ich zum Leben brauche. Was soll mir jetzt passieren? Das ist der falsche Punkt, wo man sehr schnell denken kann, dass wir niemanden brauchen, sogar Gott, unser Vermögen kann uns vor allem Bösen sichern. Solche Gedanken schleichen sich langsam in unser Denken, fast unbemerkt. Unsere Zukunft, unsere

Hoffnung sollen wir in die Hand Gottes legen, nicht in unser Vermögen und unseren Besitz. Nicht umsonst haben wir das erste Gebot an der ersten Stelle. Hoffentlich können wir noch das erste Gebot. Wenn wir statt in Gott unsere Hoffnung und Zuversicht irgendwo anders hinlegen, gehen wir in ein gefährliches Gebiet hinein. In dem Moment entsteht die Gefahr, dass wir eine bittere Enttäuschung erleben wie der Großbauer im heutigen Evangelium, und das wollen wir nicht. Planen ist sehr wichtig in unserem Leben, ohne einen Plan kann man doch nicht leben. Wir sind doch Menschen, die denken können. Manche Menschen sagen auch heute beim Planen zusätzlich: „Wenn Gott es will". In dieser Aussage haben wir den Glauben drinnen, dass alles in Gottes Händen ist, und dann kommt sicher keine Enttäuschung, und dadurch vermeiden wir den Fehler, der den Großbauer in dem heutigen Evangelium gemacht hat. Amen.

14. Sonntag im Jahreskreis

Liebe Schwestern und Brüder, als Kind habe ich gerne einen Serienfilm über einen Schatz der Templerorden gesehen. Wir haben immer auf den nächsten Abschnitt gewartet. In dem Film wollten viele Menschen den Schatz haben. Unter denen war auch eine Gruppe junger Pfadfinder mit einem Vorgesetzten. Einmal hat er gesagt: „Wo dein Schatz ist, ist auch dein Herz." Ich habe den Satz als klug gefunden. Nach vielen Jahren habe ich gemerkt, dass der Satz aus dem Film von der Bibel stammte. Heute haben wir ihn gehört. Da denke ich mir: Wie die Bibel unser Leben geprägt hat. Manchmal merken wir überhaupt nicht, dass die Klugheit, die wir haben, aus der Bibel stammt, besonders aus dem Evangelium Jesu. Das heutige Evangelium finde ich als die Fortsetzung von dem, was wir vorige Woche gehört haben, nämlich meine Relation zum Besitz. Jesus erklärt heute noch deutlicher, dass alles, was wir haben, uns dienen soll. Wir leben in der irdischen Welt, aber wir sind für die Ewigkeit berufen. Das sollen wir auf keinen Fall aus unseren Augen verlieren. „Wo euer Schatz ist, da ist auch euer Herz." – hat uns Jesus heute belehrt. Vielleicht sollen wir uns heute fragen: Wo ist unser Herz? Wo ist unser Herz heute? Wo ist unser Herz jetzt in dem Moment? Dann wissen wir auch, wo unser Schatz ist und was unser Schatz ist. Was ist eigentlich mein Hauptziel im Leben? Wem ordne ich mein Leben unter? Einmal habe ich einen von den Ministranten gefragt, ob sein Papa zu seiner Mama „mein Schatz" sagt. Ich habe vielleicht nicht ganz ernst gefragt, aber für viele ist die Ehefrau oder der Ehemann, das familiäre Leben, die Liebe zu den Nächsten das wichtigste im Leben. Sie ordnen alles der Familie unter. Eine Familie, eine Ehe ist doch was

Schönes im Leben. Sie ist ein Geschenk von Gott, das wir entwickeln sollen. Die Liebe ist doch was Unvergängliches, was Göttliches. Dadurch können wir unser Leben auf Gott richten. Leider ist das nicht selbstverständlich für alle. Viele Frauen schätzen eine Karriere mehr als das Familienleben, viele Männer schätzen ihre Arbeit, ihr Hobby mehr als die Zeit mit der eigenen Frau und Familie. Viele Menschen sehen das Ziel im Vermehren des Vermögens. Jesus gibt uns heute gute Vorschläge. Manche sind sehr schwer zu verwirklichen, wie zum B.: „Verkauft eure Habe, und gebt den Erlös den Armen! Macht euch Geldbeutel, die nicht zerreißen." Nicht alle können sich das leisten, alles zu verkaufen, wie der heilige Franz von Assisi, aber niemand sollte vorüber gehen, ohne darüber nachzudenken. Sonst kann es passieren, dass wir in die falsche Richtung unser Leben orientieren, wenn wir uns nur um das Irdische kümmern würden. „Verschafft euch einen Schatz, der nicht abnimmt, droben im Himmel, wo kein Dieb ihn findet und keine Motte ihn frisst." Ich bin froh, dass wir das Evangelium Jesu haben. Da können wir unser Leben überprüfen, ob unser Herz bei dem richtigen Schatz ist. Wir Priester sollen auch aufpassen, ob auch unser Herz bei dem richtigen Schatz ist. Ein Pfarrer hat viele verschiedene Aufgaben. Dadurch kann er das Wesentliche übersehen und das Herz bei den falschen Schätzen hinlegen. Ich muss mich ständig fragen, was ist das Wesentliche in meinem Priestertum. Diese Frage soll sich jeder von uns stellen, egal, wer er im Leben ist. Diese Frage: „Wo ist mein größter Schatz?" ist sehr wichtig in unserem Leben, weil „wo mein Schatz ist, ist auch mein Herz." Die Antwort gibt uns die Richtung im Leben. Und vor allem sollen wir nie vergessen, dass wir zum ewigen Leben berufen sind. Das schöne Leben ist nur ein Durchgang zu dem ewigen Glück im Himmel. Amen.

Das, was uns, liebe Schwestern und Brüder, oft auf dem Weg des Glaubens entmutigt, sind unsere Fehler, Unvollkommenheiten und Sünden. Wir bemühen uns sehr, wir wollen nach dem Evangelium leben, wir nehmen uns oft Vorsätze vor, und dann? Dann fallen wir immer in das Alte. Unsere alten schlechten Gewohnheiten, schlechten Sitten bringen uns wieder und wieder zu Süden, die uns und unsere Beziehungen schwächen oder sogar zerstören. Wir haben uns z. B. oft vorgenommen, unsere Probleme in Ruhe zu besprechen, um nach einer Lösung zu suchen, aber dann kommt wieder die Unvollkommenheit unseres Charakters, und statt einer konstruktiven Diskussion kommt wieder ein Streit, wo wir uns oft gegenseitig verletzen. An dem Marienfest am Donnerstag haben wir unser Ziel im Himmel wieder erfrischt und erneuert, aber die oben erwähnte Neigung zu den alten Gewohnheiten zieht uns wieder nieder. Darüber spricht auch die heutige zweite Lesung: „Da uns eine solche Wolke von Zeugen umgibt, wollen auch wir alle Last und die Fesseln der Sünde abwerfen. Lasst uns mit

Ausdauer in dem Wettkampf laufen, der uns aufgetragen ist, und dabei auf Jesus blicken, den Urheber und Vollender des Glaubens;" – das heißt: unsere oben erwähnten Probleme sind auch dem Autor dieses Briefes bekannt. Er ermutigt uns, trotz der Schwierigkeiten, trotz unserer Sünden weiter den Weg unseres Glaubens zu gehen und auf Jesus zu schauen, der bei uns den Prozess des Glaubens begonnen hat und uns durch seine Gnade unterstützt und unseren Glauben vollendet. Was kann ich heute für mein Leben aus dem Wort Gottes nehmen? Kann mir diese Lesung in meinem Leben helfen? Obwohl wir nicht perfekt sind, obwohl wir unsere Vorsätze oft nicht gehalten haben, obwohl wir oft gesündigt haben, obwohl uns unsere alten schlechten Gewohnheiten niederziehen, sollen wir auf keinen Fall aufgeben, nach dem Guten zu streben. Wir sollen immer aufstehen und neu beginnen. Wir sollen das letzte Ziel nie aus dem Auge verlieren. Trotz unserer Schwächen und Unvollkommenheiten unseres Charakters, die uns und unseren Nächsten das Leben oft schwer machen, sollen wir weiter gehen und an Jesus Christus denken, der uns ständig ermutigt und uns begleitet und unterstützt, dass wir einmal das letzte Ziel im Himmel erreichen. Trotz der oft passierten Niederlangen sollen wir weiter gegen unsere Versuchungen und Sünden kämpfen, wie wir es in der Lesung gehört haben: „Ihr habt im Kampf gegen die Sünde noch nicht bis aufs Blut Widerstand geleistet;."- und daran denken, dass Gott bereit zu verzeihen ist und auf uns mit dem ewigen Leben in seiner Herrlichkeit am Ende unseres Lebens wartet. Amen.

15. Sonntag im Jahreskreis

Liebe Schwestern und Brüder, ich denke mir, dass wir im Gegensatz zu früher ein viel leichteres Leben haben. Früher mussten die Menschen viel mehr körperlich arbeiten. Ich habe mehr als zwei Kilometer zur Schule gehabt. Da sind wir zu Fuß gegangen. Heute fährt ein Bus zur Schule. Heute haben wir viel mehr Maschinen, Autos und andere Geräte, die unser Leben erleichtern. Die Entwicklung der Technik geht sehr schnell voran und das ist auch gut so. Es besteht aber die Gefahr, dass wir alles leicht erreichen können. Wenn man Geld hat, kann man alles erwerben. Wir können auch stolz sein, dass wir uns so entwickelt haben. Andererseits sagt uns Jesus heute: „Bemüht euch mit allen Kräften, durch die enge Tür zu gelangen; denn viele, sage ich euch, werden versuchen hineinzukommen, aber es wird ihnen nicht gelingen." In der Bequemlichkeit unserer Welt wird es vielleicht wirklich schwierig, durch die enge Tür durchzugehen. Einmal, in einer Diskussion, hat jemand zu mir gesagt: „Ich kann die Menschen nicht ertragen, die regelmäßig in die Kirche gehen und so schlecht über die anderen reden. Die anderen sind viel besser“. Nachdem, was wir heute in dem Evangelium gehört haben, kann das passieren. Wie in dem Gleichnis Jesu, wo der Herr des Hauses sagt: „Ich weiß nicht, woher ihr seid.“ Die Enttäuschten haben dann geantwortet: „Wir haben doch mit dir gegessen und getrunken, und du hast auf unseren Straßen gelehrt.“ In heutigen Worten würde das so klingen: „Kennst du uns nicht? Wir sind doch Christen, wir wurden getauft.“ Und dann ist die bittere Antwort gekommen: „Ich sage euch, ich weiß nicht, woher ihr seid. Weg von mir, ihr habt alle Unrecht getan!“ Das heutige Evangelium ist für uns eine Warnung. Dass wir Christen sind, dass wir getauft worden sind, bedeutet nicht automatisch, dass wir geheilt werden, dass wir das Himmelreich erreichen. Wenn es so ist, muss man sich selbst fragen: „Was soll ich jetzt tun, damit ich einmal das ewige Leben genießen kann? Was soll ich machen, damit ich in das Himmelreich komme?“ Die Antwort auf die Frage gibt uns das heutige Evangelium:„Bemüht euch mit allen Kräften, durch die enge Tür zu gelangen…“ Was ist die enge Tür, über die Jesus gesprochen hat? Das sind die Gebote Gottes. In den zehn Geboten Gottes, in den zwei Geboten der Liebe, im Evangelium hat uns Jesus einen Weg zum Glück, zur Ewigkeit gezeigt. Wir sollen uns bemühen, damit wir die ewige Herrlichkeit erreichen. Es ist sicher nicht leicht, durch die sogenannte enge Tür durchzugehen. Jesus hat doch gesagt: „Bemüht euch mit allen Kräften, durch die enge Tür zu gelangen.“ Auf keinen Fall sollen wir unsere Mühe aufgeben. Solange wir leben, haben wir die Chance, unser Leben zu ändern. Auch wenn ich sagen muss, dass ich viel verpasst habe, auch wenn ich sagen muss, dass mein Leben bis jetzt weit von dem Ideal aus dem Evangelium entfernt war, auch wenn ich viel Unrecht getan habe. Es ist nie zu spät umzukehren. Gott sieht unsere Mühe. Die Belohnung ist groß. Es ist doch schön, mit einer Perspektive des ewigen Lebens zu leben. Es ist schön zu wissen, dass an der anderen Seite unseres Lebens der liebe Gott auf uns wartet. Das ist doch unser Ziel. Amen.

16. Sonntag im Jahreskreis

Liebe Schwestern und Brüder, wie wir heute im Evangelium gehört haben, man beobachtete Jesus genau. Das war keine wohlwollende Beobachtung. Man war misstrauisch und war darauf aus, gute Gründe für das eigene Misstrauen zu finden. Je mehr Jesus Gutes tat, desto kritischer wurden die Beobachter. Er hat sich nicht nur mit den sogenannten frommen Pharisäern an den Tisch gesetzt, sondern auch mit öffentlichen Sündern. Die Menschen, die Ihn so bösartig beobachtet haben, waren blind darüber, was ihnen Jesus sagen wollte. Wenn jemand schon verurteilt worden ist, dann ist es für die Menschen nicht so wichtig, was er zu sagen hat. Wenn man so misstrauisch beobachtet, um einen Fehler zu finden, kann man leicht das Wichtigste übersehen. Und solche Menschen haben übersehen, was ihnen Jesus sagen wollte. Und Jesus wollte den Menschen was Wichtiges vermitteln. Was denn? Jemand hat gesagt, dass der Mensch egoistisch ist und das ist oft wahr. Ich gebe was, um was zu bekommen. Genau wie im heutigen Evangelium laden viele Menschen ihre Gäste ein und erwarten, dasselbe zu bekommen, oder gelobt zu werden. Jesus sagt was anderes: „...wenn du ein Essen gibst, dann lade Arme, Krüppel, Lahme und Blinde ein." Warum sollen wir das machen? Das klingt doch merkwürdig. Warum sollen wir die armen Menschen einladen? Auf diese Frage gibt uns Jesus auch eine Antwort, nämlich: „ Du wirst selig sein, denn sie können es dir nicht vergelten; es wird dir vergolten werden bei der Auferstehung der Gerechten." Mich erinnert diese Antwort an die Worte Jesu, damit wir im Himmel unsere Schätze sammeln. Wieder kehrt Jesus unsere Augen Richtung Himmel. Auf der Erde verankert können wir leicht vergessen, dass unsere Heimat im Himmel ist. Schon jetzt sollen wir daran denken. Schon jetzt sollen wir in diese Richtung investieren. Viele Menschen brauchen Anerkennung und Lob. Genauso war es in der Zeit Jesu. Das haben wir im Evangelium gehört, wo sich die Menschen die Ehrenplätze ausgesucht haben. Sowohl unsere heutige Welt als auch der Mensch selbst sind egoistisch. Viele Menschen investieren heutzutage in Aktien und andere Formen zur Vermehrung des Vermögens. Jesus sagt uns heute, dass wir auch investieren sollen, aber nicht in Aktien, die steigen und fallen. Diese Investition ist kurzfristig. Jesus empfiehlt uns eine langfristige Investition, nämlich in die Ewigkeit. Die Armen, Kranken und Schwachen einzuladen, bedeutet für mich: etwas für solche Menschen zu tun, solche Menschen zu unterstützen. Krüppel, Lahme und Blinde haben wir in Aspang vielleicht wenig, aber es gibt genug einsame Menschen, die würden sich freuen, eingeladen zu werden. Denke ich an die Menschen, die einsam sind, die ihre Angehörigen verloren haben? Denke ich an die, die immer einsam sind und alleine essen müssen, besonders wenn Weihnachten oder Ostern kommt? Habe ich Zeit für solche Menschen? Habe ich schon darüber nachgedacht, dass ich sie einlade oder dass ich ihnen Gesellschaft leisten könnte? Ich kann auch viele arme Menschen, die durch verschiedenste Katastrophen betroffen sind, unterstützen. Diese Menschen, denen wir durch unsere Spenden oder durch unsere Anteilnahme Hilfe schenken, können es uns auf Erden nicht vergelten. Nach den Worten Jesu: „es wird uns im Himmel vergolten." Die himmlische Logik ist anders als unsere. Die Ersten werden die Letzten und die Letzten werden die Ersten sein. Wir werden staunen, wenn wir — hoffentlich! — alle einmal ins himmlische Reich kommen.

Wer wird da die Ehrenplätze bekommen? Nicht die, die sich auf Erden immer nach vorne gerudert haben, sondern die, die in Gottes Augen groß sind, werden oben sitzen. Vielleicht werden das gerade die sein, die vor den Menschen als „kleine Leute“ galten, aber ein großes Herz hatten. Amen.

17. Sonntag im Jahreskreis

Liebe Schwestern und Brüder, obwohl das heutige Evangelium uns alle betrifft, muss ich sagen, dass es besonders die Berufenen, also Priester und Ordensleute, angeht. Sie verzichten auf alles, was bei den Menschen das allerwichtigste ist: nämlich Familie, die menschliche Liebe und Kinder. Deswegen vielleicht erzählte Jesus die zwei Geschichten über das Planen. Man soll alles gut überlegen. In den letzten Tagen habe ich das mit voller Kraft erfahren, was das bedeutet. Zum Glück steht uns Gott bei und unterstützt uns durch seine Wirkung, aber auch viele gute Menschen stellen ihre Hilfe und Unterstützung zur Verfügung. Die Aussage Jesu aus dem heutigen Evangelium ist sehr hart. „Wenn jemand zu mir kommt und nicht Vater und Mutter, Frau und Kinder, Brüder und Schwestern, ja sogar sein Leben gering achtet, dann kann er nicht mein Jünger sein.“ Jesus hat diese Worte gesagt, als Er gemerkt hat, dass viele Menschen Ihm nachgefolgt sind. Der Enthusiasmus am Anfang des Weges der Berufung ist groß, aber dann kommt der Alltag, dann kommen die Probleme und Schwierigkeiten. Man muss oft sehr großen Glauben haben, man muss sehr überzeugt sein, auch in solchen Momenten treu zu sein und weiter gehen. Auf alles verzichten, auf eigene Familie, Kinder, familiäres Leben ist nicht leicht, trotzdem oder deswegen ist das für die anderen Menschen so faszinierend, so interessant, besonders in der heutigen Zeit, wo der Lebensstandart so hoch ist. Warum wählen manche Menschen einen solchen Weg? Warum wollen sie den schwierigen Weg gehen? fragen viele. Deswegen haben immer mehr Menschen Interesse, das Leben zu beobachten. Deswegen fahren viele Menschen zu einem Kloster um zu erfahren, wie die Menschen dort leben, ob sie glücklich sind, ob sie authentisch sind. Das ist wie ein Magnet, der die Menschen anzieht. Ein solches Leben ist ein Zeugnis für das ewige Leben. Ein solches Leben ist ein Zeugnis für das volle Vertrauen auf Gott. Auf alles verzichten bedeutet, meine Hoffnung und Zuversicht in Gottes Hand legen. Einmal habe ich ein schönes Buch über die heilige Edith Stein gelesen. In dem Buch waren auch Briefe, die sie geschrieben hat. Sie war im Karmeliterorden, wo die Schwestern nur gebetet haben. Eine Stunde am Tag durften sie reden. Sie war eine gescheite Frau und eine gut ausgebildete Philosophin. Und trotzdem hat sie ihr Leben Gott gewidmet. In den Briefen von ihr habe ich eine große Freude gespürt. Sie war sehr glücklich, obwohl sie, in unserem Sinne, nichts gehabt hat, keine Familie, keine Kinder, keinen Besitz, keine lustige Runde im Gasthaus, wo man über die Menschen lacht. Solche innere Freude, die sie hatte, würde ich gerne haben. Eine tiefe Freude, die aus dem Glauben herauskommt. Eine tiefe Freude, die aus der engen Verbindung mit Gott entsteht. Jetzt kann ich die heutigen Worte Jesu besser verstehen. Ein solches Leben, wie Edith Stein hatte, ist natürlich nicht für alle vorgesehen, aber die Freude ja. Ich kann in einer Familie Leben, ich kann allein sein, ich kann auch sehr alt sein und trotzdem glücklich sein, aber unter einer Bedingung, wenn Gott meine ganze Hoffnung ist, wenn Gott an der ersten Stelle steht. Auch wenn ich in einer guten Familie lebe, soll ich Gott an der ersten Stelle haben. Gott ist keine Konkurrenz für meine Familie, für meinen Ehepartner. Er unterstützt uns sogar, auch die menschliche Liebe. Wenn Gott an der ersten Stelle steht, dann kann ich noch eine bessere Ehefrau, ein besserer Ehemann, Vater oder Mutter sein. Amen.

18. Sonntag im Jahreskreis

Liebe Schwestern und Brüder, heuer habe ich das Glück gehabt, die Schönheit Österreichs in den Bergen zu bewundern. Ich bin in Osttirol wandern gegangen. Eines Tages sind wir zu einem Pass im Gebirge gekommen. Er war relativ hoch. Von dort haben wir einen herrlichen Ausblick in ein schönes Tal mit zwei Seen gehabt. Und dort, ganz oben, waren ein paar Schafe. Wie wir dann beim Gespräch mit unserem Gastgeber erfahren haben, waren das seine Schafe. Er hat auch gesagt, dass sie im Frühling in die Berge gehen, aber nicht alle kommen im Herbst zurück. Einige stürzen ab, anderen passiert was anderes. Er hat auch gesagt, dass ihm jedes verlorene Schaf weh tut. Es ist schade, wenn auch nur ein Schaf nicht zurück kommt. Es ist ähnlich dem heutigen Evangelium, wo der gute Hirte dem verlorenen Schaf nachgeht. Ihm war nicht nur schade um das Schaf, er hat sich die Mühe gegeben, das Schaf zu finden. Wie soll man das Gleichnis verstehen? Wenn Jesus ein Gleichnis erzählt, geht es ihm um das Himmelreich. Der gute Hirt ist Gott. Die Schafe sind wir. Jeder Mensch ist dem lieben Gott wichtig. Er ist sehr traurig, wenn nur ein Mensch seinen Weg verliert und nicht mehr zurück findet. Der liebe Gott versucht, den verlorenen Menschen zu finden und zurück zu führen, weil jeder Mensch ein Kind Gottes ist. Interessant ist auch, in welcher Situation Jesus die heutigen Gleichnisse erzählt hat. Wie das Evangelium berichtet: „In jener Zeit kamen alle Zöllner und Sünder zu Jesus, um ihn zu hören.

Die Pharisäer und die Schriftgelehrten empörten sich darüber und sagten: Er gibt sich mit Sündern ab und isst sogar mit ihnen." Dadurch wollte uns Jesus auch was sagen, nämlich, dass auch die Menschen, die in der Gesellschaft als Sünder bezeichnet sind, Zugang zu Jesus haben. Sie haben eine Chance, neu zu beginnen. Man kann noch mehr sagen: sie sind eine besondere Sorge für Gott. Jesus ist für alle Menschen gekommen, aber besonders für die Menschen, die ihren Weg im Leben verloren haben. Er wollte ihnen die Hoffnung bringen. Er wollte ihnen sagen, dass sie von Gott geliebt sind, obwohl sie oft von vielen als böse Menschen oder als Verbrecher bezeichnet werden. Keiner ist Gott egal. Jeder ist Ihm wichtig. Jedem Menschen will Gott die Hoffnung auf eine neue Zukunft geben. Und das ist das schönste in Jesu Lehre. Jemandem eine Hoffnung zurückzugeben ist was Göttliches. Jemandem die Hoffnung aufs neue Leben zu rauben, nur weil er nicht zu uns gehört, nur weil er eine andere Hautfarbe hat, oder anders denkt, ist unwürdig. Das Schönste an unserem Glauben ist das, dass wir immer zurück zu Gott kehren dürfen. Wir haben immer die Chance. Gott wartet auf uns mit ausgebreiteten Händen. Egal wie weit wir uns von Gott entfernt haben, wichtig ist, dass wir die Chance nutzen. Dann kommt die große Freude wie im heutigen Evangelium. Es gibt keine größere Freude, als die Freude der Versöhnung, wenn die Menschen eine neue Chance bekommen. Das erleben Menschen besonders stark in den Gruppen, die den Drogenabhängigen oder Alkoholikern beim Anfang des neuen Lebens helfen. Das erleben die Priester im Beichtstuhl, aber auch eine kleine Freude erleben wir in unserer Familie, wenn es zur Versöhnung kommt. Ich bin dankbar, dass ich ein Christ bin, weil ich die Barmherzigkeit Gottes erwarten darf. Ein neues Leben beginnen zu dürfen ist was Schönes. Wenn ich aber allein die Barmherzigkeit erlebt habe, soll ich auch bereit sein, den anderen zu verzeihen. Kannst du schon verzeihen? Bist du bereit zu verzeihen? Wenn ja, du hast verstanden, was Jesus uns verkündigt hat. Amen.

19. Sonntag im Jahreskreis

Liebe Schwestern und Brüder, „Geld regiert die Welt" diesen Ausspruch kann man sehr oft hören. Wenn es so ist, kann man sagen, dass es auch für uns liebe Schwestern und Brüder eine Gefahr ist. Ich sehe auch eine Verbindung zwischen dem Sprichwort und der Aussage Jesu aus dem heutigen Evangelium: „Kein Sklave kann zwei Herren dienen; er wird entweder den einen hassen und den andern lieben, oder er wird zu dem einen halten und den andern verachten. Ihr könnt nicht beiden dienen, Gott und dem Mammon." Dass unser Vermögen, oder besser gesagt, dass unsere falsche Einstellung zum Vermögen gefährlich sein kann, haben wir heuer oft im Evangelium in letzter Zeit gehört. Es ist auch der Druck der Gesellschaft, dass wir immer mehr haben wollen, dass wir uns immer mehr leisten können, damit wir den anderen auch zeigen wollen, dass wir durch unsere Leistungsmöglichkeit besser als andere Menschen sind. Was im Grunde genommen falsch ist. Es ist aber leider die Tatsache. Schon Schulkinder wollen das und das haben, weil ihre Kollegen das schon haben. Die Kinder werden dann älter, aber das Problem wächst und unbemerkt dienen wir immer mehr dem Mammon (dem Geld) und früher oder später ist es ein Ziel für viele. „Ihr könnt nicht beiden dienen, Gott und dem Mammon." Es ist eine Gefahr, aber ich möchte heute auf ein anderes Problem aufmerksam machen. Das hat eigentlich nichts mit dem Geld zu tun, aber trotzdem ist es ein Problem und hat eine enge Verbindung mit der heutigen Aussage Jesu. Je länger ich in Österreich bin, desto schärfer sehe ich das Problem. Als Christen haben wir die Lehre Jesu im Besitz. In der Bibel haben wir Hinweise, wie wir das Leben gestalten sollen. Wir haben die Sakramente, wo wir Gott treffen können und seine Hilfe bekommen. Von unserer Geburt bei der Taufe bis zum Schluss durch Krankensalbung. Jesus hat uns auch versprochen, dass Er mit uns bis zum Ende der Welt bleibt. Trotzdem suchen immer mehr Christen irgendwo anders eine Hilfe: Eine geheime Lehre, Rituale, Energie. Und mir geht es jetzt nicht um die reine Wissenschaft über die Welt. Unser Wissen zu vertiefen ist was Gutes. So viel wie wir über die Welt wissen, haben vorher nie Menschen gewusst. Mir geht es um was anders, um eine geheime Lehre, merkwürdige Praktiken, die angeblich mit außerirdischen Mächten, Kräften und Energie verbunden sind. „Ihr könnt nicht beiden dienen, Gott und dem Mammon." Unter dem Begriff Mammon muss man nicht unbedingt Geld verstehen sondern alles, was uns irgendwie von Gott entfernen kann. Wenn ich an Gott glaube, brauche ich keine anderen unbekannten, unbewiesene Kräfte. Wenn ich Jesus so nahe, wie in der hl. Kommunion habe, wenn ich ihn in dem Gebet und bei der Anbetung verehren kann, wenn ich ihm alles sagen kann, wenn ich ihn bitten kann, brauche ich keine anderen Kräfte. Wenn ich so schöne trostvolle Worte in der Bibel habe, wenn ich die schönen Psalmen und andere Gebete der Kirche habe, brauche ich noch was anders? „Ihr könnt nicht beiden dienen, Gott und dem Mammon." Die Bibel sagt eindeutig, nur in Gott ist unsere Heil, nur Jesus Christus ist der Einzige, der die Welt erlöst hat. Brauche ich noch was anders? Wenn ich mich in der Nähe Gottes beruhigen kann, wie ein Kind in den Armen seiner Eltern und da die Sicherheit spüren kann, brauche ich noch einen anderen Mammon, egal, was das bedeutet? Wenn ja, muss ich auch sagen, dass Jesus für uns zu wenig getan hat und das widerspricht der Lehre Jesu und der Lehre der katholischen Kirche. Jesus hat für uns alles getan. Er stellt uns alles zu

Verfügung was wir brauchen, um glücklich zu sein. Er ist der einzige Erlöser der Welt. Das erste Gebot betont das, dass unser Gott der einzige Gott ist. Das haben wir auch in der zweiten Lesung heute gehört. Jesus hat das im Evangelium betont: „Ihr könnt nicht beiden dienen, Gott und dem Mammon." Amen.

20. Sonntag im Jahreskreis

Liebe Schwestern und Brüder, es ist eine erschütternde Geschichte, was wir heute im Evangelium gehört haben. Sagen wir nicht vorschnell, es sei ja „nur" ein Gleichnis, eine erfundene Geschichte. Das Problem, das Jesus in der Geschichte berührt hat, ist sehr wichtig. Nicht nur damals, sondern auch heutzutage gibt es viele Menschen, die wie Lazarus vor den Türen der Reichen liegen. In vielen Ländern ist es Wort wörtlich so, wie es auch zurzeit Jesu schon war: Sie liegen da, schwach, „voller Geschwüre", hungernd, verhungernd, und auch die Hunde fehlen nicht, die zwischen den Elenden herumstreunen. Obwohl sie bei uns nicht auf der Straße liegen, dürfen wir auf keinen Fall an dem Gleichnis vorübergehen, ohne nachzudenken. Die Nöte in unserer Umgebung sind weniger sichtbar, aber genauso schmerzhaft. Die Einsamkeit, die seelische Not und Gleichgültigkeit quellen genauso stark wie die materielle Armut. Das passiert auch hinter unseren verschlossenen Türen unserer Häuser, wo wir unser bequemes Leben aufgebaut haben. Interessant ist es in dem Gleichnis, dass der Reiche keinen Namen hatte, der Arme aber ja. Einen Namen bei Gott zu haben, bedeutet nicht anonym zu sein, einen besonderen Platz im Herzen Gottes haben. Die Armen haben doch den besonderen Platz im Herzen Gottes. Es bedeutet aber nicht, dass man arm sein muss, um einen Platz im Herzen Gottes zu bekommen. Alles zum Leben haben ist keine Sünde, aber die Augen zumachen und die Armut vor der Tür nicht sehen, ist nicht richtig. Das ist schon ein Problem. Ein schönes Leben aufzubauen ist nichts Schlimmes, aber gleichzeitig die Armut und den anderen nicht sehen, ist schon sehr gefährlich. Einen Menschen, der um ein Gespräch, um Mitleid, um Hilfe, um Zuhören bettelt, nicht zu bemerken, ist nicht in Ordnung. Vielleicht ist das Gleichnis Jesus für uns eine Chance, unsere Augen zu öffnen und die Armut der Menschen zu merken, egal wie sie ist. Das, was wir auch in dem Gleichnis nicht übersehen dürfen, ist die Grenze unseres Lebens. Wir haben eine bestimmte Zeit auf der Erde, die Zeit unseres Lebens. Im Moment unseres Todes ist alles vorbei. Solange wir leben, können wir für unser ewiges Leben was tun. Dann ist es schon zu spät, dann können wir nichts mehr ändern. Wie der hl. Paulus gesagt hat: „Wir sollen uns beeilen Gutes zu tun, solange wir leben!" Wir alle machen ab und zu Fehler. Es ist für uns unmöglich, perfekt zu sein. Eines aber können wir, nämlich Gutes tun, die Armut der Menschen zu lindern. Die Armen zu bemerken und sie zu unterstützen, ist unsere Chance, die für die Ewigkeit gilt. Arm ist der, der nicht genug zum Essen hat, arm ist der, der niemanden zum Reden hat, arm ist der, der verspottet wird, arm ist der, über den schlecht geredet wird. Habe ich den Mut ihn zu unterstützen, ihn zu verteidigen? Habe ich den Mut an der Seite der Armen zu stehen? Habe ich den Mut, mich an die Seite der Gerechtigkeit zu stellen, um jemanden zu verteidigen, oder schließe ich meine Tür zu, damit ich meine Ruhe habe und keine Gefahr eingehe? Es wäre schlecht, wenn mir es egal wäre, was mit der Person, die auf dem Boden liegt, gemacht worden ist. Meine Tür vor dem Problem zu schließen, ist das die beste Lösung? Vielleicht die leichteste, aber nicht die beste. Der Reiche in dem Gleichnis hat nichts Schlechtes gemacht, aber er hat auch nichts Gutes gemacht. Er hat die Tür vor dem Elend geschlossen und deswegen hat er ein solches Ende bekommen. Die Hände waschen, die Tür zuschließen, ist das das Beste, was wir machen können? Bin ich bereit die Tür meines Hauses zu öffnen und zu schauen, ob vor meiner Tür ein armer Lazarus liegt und um Almosen bittet? 10 € ist leichter zu spenden, als einem Menschen 10 Minuten zu widmen, oder eine Unterstützung zu geben, wenn er es braucht und nirgendwo bekommt. So lange, wo wir die Tür unserer Bequemlichkeit nicht öffnen, sind wir in der Gefahr, was uns Jesus im heutigen Gleichnis sagt. Amen.

21. Sonntag im Jahreskreis

Liebe Schwestern und Brüder: „Als Jesus in ein Dorf hineingehen wollte, kamen ihm zehn Aussätzige entgegen. Sie blieben in der Ferne stehen und riefen: Jesus, Meister, hab Erbarmen mit uns!“ - haben wir heute im Evangelium gehört. Was interessant ist, die zehn Aussätzigen sind in der Ferne stehengeblieben. Warum? Es war damals so vorgeschrieben. Die anderen Menschen hatten Angst vor dieser Krankheit. Die Lepra war damals unheilbar. Zur Zeit Jesu war sie ein sozialer Tod. Die Aussätzigen waren lebendige Tote. Die Gesellschaft hatte Angst vor der Ansteckung, deswegen waren die Menschen ausgeschlossen. Sie konnten die Anderen nicht kontaktieren. Sie sollen zeigen, dass sie krank sind. Eine schwierige Situation für solche Menschen. Krank zu sein und ausgeschlossen aus der Gesellschaft. Vielleicht deswegen haben sie eigene Gruppen aufgebaut wie in dem heutigen Evangelium, wo sie zehn waren. Jeder Mensch braucht einen anderen Menschen, besonders wenn man krank ist. Die Zehn haben eine eigene Gesellschaft aufgebaut, weil es in der sogenannten normalen Gesellschaft keinen

Platz für sie gab. Obwohl es nicht das Hauptthema des Evangeliums ist, will ich heute den Faden weiter ziehen. Die Aussätzigen waren doppelt benachteiligt. Ein Problem war die unheilbare Krankheit, und dann waren sie noch ausgeschlossen. Kein Wunder, dass sie geschrien haben: „Jesus, Meister, hab Erbarmen mit uns!" Und es ist passiert. Jesus hat die Kranken von dem Problem erlöst. Sie waren so begeistert, dass sie vergessen haben, Jesus zu danken. Heutzutage haben wir, wenigstens bei uns, keine Leprakranken. Wir brauchen keine Enklave für solche Menschen zu bauen. Wir leben auch in einer Zeit der Migration, wo unsere Gesellschaft für die ganze Welt offen ist. Wir reden oft über Integration, über unsere Offenheit, aber ich bin nicht sicher, ob das der Wirklichkeit entspricht. Manchmal ist unsere Gesellschaft sehr verschlossen, besonders in unseren kleinen Orten. Ich habe oft gehört, wie es schwierig ist, in eine solche Gesellschaft aufgenommen zu werden. „Lieber Herr Pfarrer, jetzt geht es schon, aber am Anfang war es sehr schwierig. Die Menschen haben mich nicht akzeptiert. Ich habe mich nicht wohl gefüllt, obwohl ich von einem näherliegenden Dorf gekommen bin." - habe ich einmal gehört. Liebe Schwestern und Brüder, das Thema Immigration, Integration ist ein wichtiges Thema. Vielleicht sollen wir uns heute fragen, ob wir immer offen sind für die, die neu in unsere Gesellschaft kommen? Ob ich offen bin für die, die anders denken? Oder beurteile ich und sage: Der ist gut, weil er so wie wir ist, der andere aber passt überhaupt nicht zu uns, am besten wäre, wenn er weg gehen würde. Liebe Schwestern und Brüder, es wäre sehr schlecht, wenn wir Christen so denken würden. Jesus hat damals die Kranken geheilt. Ob die Gesellschaft sich geändert hat bin ich nicht sicher. Und heute? Vielleicht soll Jesus heutzutage auch unserer Gesellschaft zeigen, dass jeder Mensch wertvoll ist, dass jeder Mensch, egal woher er stammt, seine Werte, seinen innerlichen Reichtum hat. Nur wenn wir offen sind, können wir von dem Reichtum profitieren und uns gegenseitig bereichern. Lieber Jesus, hilf mir, offen für meine Mitmenschen zu sein, damit ich niemanden aus meiner Gesellschaft ausgrenze. Amen.

22. Sonntag im Jahreskreis

Liebe Schwestern und Brüder: das Thema des Wort Gottes ist heute das Gebet. Im Gebet suchen wir einen Kontakt mit Gott. Besonders intensiv beten wir, wenn wir in einer schwierigen Situation sind. Jeder von uns hat sicher schon eine Situation erlebt, wo er sehr stark Gott um die Hilfe gebeten hat. Wenn wir in unserer Lage keinen Ausweg sehen, suchen wir bei Gott die Rettung. Er ist die letzte Instanz, die uns helfen kann. Wenn wir leiden, wenn wir sehen, dass alles so schwierig ist, stürmen wir den Himmel besonders stark. Manchmal sind wir so hilflos oder verzweifelt, dass wir zu Gott sogar schreien, um eine Hilfe von Ihm zu bekommen. Vielleicht sind wir dann erschrocken und haben gefragt: dürfen wir so überhaupt zu Gott sprechen? Vielleicht sollen wir unsere Gefühle beruhigen und leise unsere Bitten aussprechen? Was sagt Jesus darüber? Was sagt das Evangelium? Jesus hat im heutigen Evangelium ein Gleichnis über einen Richter und eine Witwe erzählt. Für die Witwe war der Richter die einzige Chance. Von Niemandem sonst konnte sie eine Hilfe erwarten, und sie hat ihn intensiv um die Hilfe gebeten. Das ist nicht die einzige Stelle in der Bibel, wo die Menschen in der Not so reagieren. Ein Standartbeispiel ist Hiob, der in seiner Not nicht nur betet, sondern sogar mit Gott streitet. Sein Leiden war so groß, dass er zu Gott geschrien hat. Sogar Jesus am Kreuz, als Er das Gefühl hatte, dass alle Ihn verlassen haben, hat zu Gott geschrien: „Mein Gott, warum hast du mich verlassen?“ Wenn wir uns verlassen fühlen, wenn es uns sehr schlecht geht, wenn wir leiden müssen, auch innerlich, brauchen wir uns keine Vorwürfe zu machen, wenn wir laut unsere Bitten aussprechen, sogar zu Gott schreien, besonders wenn uns Unrecht passiert. Das müssen wir auch zugeben: Nie ist unser Gebet so echt, wie in einer Krankheit, in einer Not. Wenn wir unbedingt etwas brauchen, sollen wir beharrlich wie die Witwe zu Gott flehen. Wenn der Richter im heutigen Evangelium hinter der Witwe gestanden ist, umso mehr können wir mit der Hilfe Gottes rechnen, wenn wir Hilfe brauchen. Wir sind doch seine Kinder. „Sollte Gott seinen Auserwählten, die Tag und Nacht zu ihm schreien, nicht zu ihrem Recht verhelfen, sondern zögern? Ich sage euch: Er wird ihnen unverzüglich ihr Recht verschaffen.“ - hat uns Jesus im Evangelium heute versprochen. Wir dürfen doch Jesus auf sein Wort vertrauen. Wenn Jesus uns das empfiehlt, warum sollen wir die Möglichkeit nicht nutzen. Das erinnert mich an eine Situation in meiner ersten Pfarre. Ein junger Vater von einem Erstkommunionkind war sehr krank. Er hatte einen Tumor. Die ganze Pfarre hat für ihn gebetet. Jede Woche, bei der Kindermesse, haben die Kinder für den Vater ihrer Kollegin gebetet. Ich habe auch sehr intensiv gebetet. Ich habe gesagt: lieber Gott, schenk ihm wenigstens die Gnade, dass er die Erstkommunion seiner Tochter erleben darf. Jetzt ist das schon fast 19 Jahre her, und der Vater lebt noch. Amen.

23. Sonntag im Jahreskreis

Liebe Schwestern und Brüder, vorige Woche haben wir eine Geschichte über einen Zöllner im Evangelium gehört. Heute kommt wieder ein Zöllner. Obwohl die Zöllner unbeliebt unter den Juden waren, haben sie einen besonderen Platz im Evangelium Jesu. Vorige Woche war ein Zöllner als Beispiel für ein gutes Gebet, und heute auch als positive Figur. Wie das Evangelium berichtet: „lief der Zöllner Zachäus voraus und stieg auf einen Maulbeerfeigenbaum, um Jesus zu sehen, der dort vorbeikommen musste.“ Als wir heuer in Jericho in Israel waren, haben wir einen riesigen Maulbeerfeigenbaum gesehen. Angeblich ist das der Baum, wo Zachäus hinaufgestiegen ist. Ob das stimmt, bin ich nicht sicher, aber für mich ist es nicht so wichtig. Viel wichtiger ist was anderes. Aus dem Maulbeerfeigenbaumholz wurden die Särge zum Bestatten der Menschen gemacht. Symbolisch war Zachäus zwischen den Ästen und Blättern des Baumes wie in einem Sarg. Sinnbildlich war er tot. In der Gesellschaft war er unbeliebt als der, der mit den Römern kollaboriert hat und für sie das Geld gesammelt hat. Er war reich, aber für die jüdische Gesellschaft tot. Die Zöllner waren damals ein Synonym der Sünder. Warum wollte Zachäus Jesus sehen, wissen wir nicht, vielleicht war das für ihn die letzte Chance, die er gesehen hat. Vielleicht hatte er noch die Hoffnung, dass sich etwas in seinem Leben ändern könnte. Und es ist wirklich passieret. Jesus hat ihn bemerkt und zur Empörung der sogenannten Korrekten, ist er zu ihm als Gast gegangen. Dadurch hat Zachäus eine neue Hoffnung auf einen neuen Beginn bekommen. Gesellschaftlich war er tot, aber Jesus hat ihm ein neues Leben geschenkt. Und er begann ein neues, gerechtes Leben. Jesus hat ihm die neue Chance gegeben, die er genutzt hat. Das ist nicht der einzige Fall, wo Jesus den Menschen die Hoffnung auf einen neuen Anfang gegeben hat. Das war seine Aufgabe, das war seine Mission. Jesus hat den Menschen nicht nur damals die Hoffnung gegeben, Er schenkt auch uns die Hoffnung. Jesus hat den Zachäus neu auf die Beine gestellt. Er hat ihm das verlorene Selbstbewusstsein neu aufgerichtet. Die Menschen aufbauen, ihnen eine neue Chance zu geben, ihnen zeigen, dass sie wertvoll sind, das war das Ziel Jesu. Liebe Schwestern und Brüder, mit unserem Minderwertigkeitsgefühl, voll Komplexen, verhüllen wir uns oft wie Zachäus, damit uns niemand sieht, weil das Leben oder die Krankheit uns geschlagen hat, weil die Leute uns überzeugt haben, dass wir minderwertig sind und es am besten wäre, wenn wir uns zurückziehen, damit uns niemand sieht. Wenn wir das glauben, sind wir schon verloren, lebendig tot. Das ist unser Ende. Aber es stimmt nicht. Wir alle sind wertvolle Menschen. Egal, was die Gesellschaft sagt, jeder von uns ist wertvoll, jeder hat seinen Wert, jeder hat seine Talente, seine Begabungen, seine Würde. Wir sind doch Kinder Gottes. Gott liebt uns, unabhängig von unserer Position in den Augen der Menschen. Je mehr du vom Leben und von den Menschen geschlagen bist, desto mehr liebt dich Gott, weil Er weiß, dass wir in diesem Moment seine Liebe brauchen. Das sollen wir nie aus unseren Augen verlieren. Wie der Zachäus, immer daran glauben. Wie er sollen wir den Mut haben, zu Jesus zu kommen. Er kann uns wieder auf die Beine stellen, damit wir nicht gebückt, sondern gerade stehen. Gerade zu stehen, voll Glaube an unsere Würde, ist die Haltung der Menschen. Jesus kann uns das schenken. Er kann uns die verlorene Hoffnung zurückgeben. Er kann uns helfen, damit wir wieder glauben, dass wir wertvolle Menschen sind, dass jeder von uns eine große Würde hat. Er kann uns die verlorene Sicherheit zurückgeben. Nur ein Mensch, der selbstbewusst und sicher ist, dass er geliebt wird, kann sich entwickeln, kann in Fülle leben, dafür sind wir doch alle von Gott berufen. Amen.

24. Sonntag im Jahreskreis

Liebe Schwestern und Brüder, die Sadduzäer, die das heutige Evangelium erwähnt, waren in der Zeit Jesu Tempelpriester und Hohepriester. Sie sammelten gerne Argumente gegen die leibliche Auferstehung der Toten. Eines legen sie heute Jesus vor, das durchaus aktuell ist. Wer mehrmals verheiratet war, wessen Frau wird sie im Himmel sein? Sie sind sicher, Jesus eine Falle gestellt zu haben. Die Antwort haben sie aber nicht erwartet. Jesus sagt, da „drüben" wird alles anders. Diese Richtung sollen wir auch in unserem Denken gehen. Obwohl unser letztes Ziel der Himmel ist, wo, wie Jesus sagte: niemand wird mehr heiraten, dürfen wir auf keinen Fall das irdische Leben unterschätzen, besonders, wenn es um eine Ehe geht. Sie ist doch ein Bereich, wo die Liebe eine große Rolle spielt. Wenn der liebe Gott das so vorgesehen hat, dass eine Frau und ein Mann gemeinsam durch das Leben gehen und aus Liebe neues Leben in ihren Kindern erwecken, muss die Ehe was Wichtiges vor Gott sein. Und es ist so. Eine Ehefrau und ein Ehemann sollen gemeinsam zu Gott gehen. Durch ihre Liebe sollen sie sich gegeneinander heiligen und gegenseitig helfen, um das Ziel zu erreichen. Eine Ehe ist doch kein Hindernis, in den Himmel zu kommen, ganz im Gegenteil. In einer Ehe, wo die Kontakte so intim sind, kann man die andere Person ganz tief kennenlernen und lieben. Wenn man sich schon kennengelernt hat, kennt man die Stärke und die Schwäche der anderen Person. Die Schwäche zu kennen ist wichtig. Nicht damit wir die Schwäche ausnutzen, sondern, damit wir der anderen Person helfen, wo sie schwach ist. In solcher Gemeinschaft wie eine Ehe kann man die wahre, tiefe Liebe entwickeln. Durch eine Ehe kann ich auch die wahre Liebe lernen und dadurch kann ich mich schon jetzt auf das ewige Leben vorbereiten. Es ist klar, dass ich in einer Ehe manchmal auf viele Sachen verzichten muss, weil ich nicht nur für mich leben soll, weil ich mir nicht nur meine Vorteile aussuchen soll, sonst wäre das keine Liebe, sondern Egoismus und wir wissen, dass der Egoismus der Tod für eine Liebe ist. Wenn ich in einer Ehe die wahre Liebe erleben will, muss ich bereit sein, mich für meinen Ehepartner und für die Kinder zu opfern. Den Ehepartnern, Euch liebe Ehejubilare ist das doch nichts neues, sonst würde eure Ehe nicht überleben können. Es ist auch schön, wenn ich weiß, dass ich nicht nur für mich arbeite, sondern für meine Liebsten. Es ist nicht immer leicht, besonders, wenn schon viele Jahre vergangen sind, wenn man krank ist, wenn man, menschlich gesehen, kaum etwas für sich selbst erwarten kann. Ist das dann nicht die echte, wahre Liebe? Obwohl die Liebe in der Ehe so wichtig ist, obwohl die Liebe die Ehepartner sehr stark verbindet, sagte Jesus im Evangelium, dass im Himmel alles anders wird. Die Ehepartner finden sich gegenseitig, das muss man hoffen, aber die Liebe wird anders. Die irdische Liebe in der Ehe ist manchmal durch Eifersucht, durch Egoismus, durch unvorsichtig zu sein, zerstört. Im Himmel wird das anders sein. Die körperliche Beziehung spielt in einer Ehe eine wichtige Rolle. Das gehört zu der Natur einer Ehe. Sie ist oft, besonders in den Medien überschätzt, ohne aufmerksam auf die anderen Aspekte der Liebe zu machen. Viele gute Ehen haben das schon entdeckt, dass das Körperliche in der Ehe, obwohl es sehr wichtig ist, nicht alles ist. Es soll die ganze Palette bereichern, wo sich die Liebe verwirklichen kann und wo sie wachsen und die Beziehung festigen kann. Ohne das kann eine Ehe nicht funktionieren. Das wissen die Ehepartner, denen die Ehe gelungen ist, sehr gut. Nach der Aussage Jesu, wird der Bereich der Liebe eine Schlüsselrolle spielen. Dadurch kann man auch alles, was auf der Erde der Liebe schadet, überwinden. Eine perfekte Liebe zu allen Menschen. Ein Vorbild ist natürlich die Gottesliebe, weil Gott alle Menschen liebt. Solche Liebe zu erleben, können wir allen heute wünschen. Amen.

25. Sonntag im Jahreskreis

„In jener Zeit, als einige darüber sprachen, dass der Tempel mit schönen Steinen und Weihegeschenken geschmückt sei, sagte Jesus: Es wird eine Zeit kommen, da wird von allem, was ihr hier seht, kein Stein auf dem andern bleiben; alles wird niedergerissen werden.“ - haben wir, liebe Schwestern und Brüder, im heutigen Evangelium gehört. Und es ist passiert. Die Römer haben im Jahre 70 den Tempel und die ganze Stadt Jerusalem zerstört. Als wir in Israel waren, haben wir das gesehen. Dort, wo der Tempel gestanden ist, wurde später eine Mosche gebaut. Den Juden ist nur unten die Klagemauer geblieben, wo sie beten. Jesus bereitet in dem heutigen Evangelium eine Vision von Katastrophen, die kommen, und von Verfolgungen, die auf die Gläubigen warten. Und es ist alles passiert. In jeder Zeit, auch heute, gibt es Katastrophen, gibt es Verfolgung der Christen. Jesus hat die Worte zu den damaligen Menschen gesagt, aber sie betreffen Menschen allezeit. Was wollte eigentlich Jesus durch die Worte erreichen? Was war sein Ziel? Wollte Er die Menschen und uns erschrecken? Wollte er Unruhe stiften? Auf keinen Fall. Wir kennen doch Jesus als den, der Frieden und Ruhe stiftet. Beim Lesen und Nachdenken über den Text sind mir ein paar Gedanken eingefallen. Die Juden waren stolz auf ihren Tempel, und niemand glaubte, dass es diesen Tempel einmal nicht geben wird. Der schöne, geliebte Tempel von Jesus, wurde zerstört. Wir sind auch oft stolz auf unsere kirchlichen Gebäude, wie zum B. Stephansdom in Wien oder Petersdom in Rom und andere. Sie sind schön, sie sind ein Zeichen des Glaubens. Sie sind ein Zeichen dafür, dass den Menschen Gott immer wichtig war. Eines dürfen wir auf keinen Fall übersehen, nämlich: dass alles in unserer Welt zeitlich ist, dass es alles einmal nicht mehr geben wird. Wir sollen nach dem Unvergänglichen suchen, besonders wenn es unseren Glauben betrifft. Die ersten 3 Jahrhunderte wurden Christen verfolgt. Da gab es keine Kirchen, und trotzdem hat der Glaube in den Menschen überlebt. Erstaunlicherweise war das die blühende Zeit für das Christentum. Später kam die Nazizeit und der Kommunismus, wo die Christen auch verfolgt wurden, besonders die Priester. Es war die Zeit, wo es nicht leicht war, ein Christ zu sein, trotzdem haben wir viele Beispiele von gläubigen Menschen aus dieser Zeit. Das sind Beispiele, die zeigen, dass der Glaube sich ohne äußerliche Pracht gut entwickeln kann. Jesus wollte die Menschen damals nicht erschrecken, Er wollte sie nur darauf vorbereiten, was unvermeidlich kommen wird. In dem heutigen Evangelium spielt der letzte Satz eine wichtige Rolle: „Wenn ihr standhaft bleibt, werdet ihr das Leben gewinnen." Gegenüber der schwierigen Situation ist der Satz ein großer Trost. Und dazu sagte Jesus: „Und ihr werdet um meines Namens willen von allen gehasst werden. Und doch wird euch kein Haar gekrümmt werden." Die Feinde können alles gegen den Gläubigen machen. Es kann auch äußerlich scheinen, als ob sie schon gewonnen hätten. Es ist aber kein Beweis, dass sie die Gläubigen besiegt haben. Es ist sicher wichtig, damit wir uns um die Kirche als Gebäude kümmern, genauso wichtig oder viel wichtiger ist es, dass wir uns um unseren innerlichen Tempel Gottes kümmern. Wenn wir einen festen Glauben haben, wenn wir überzeugt sind, dass Jesus immer bei uns ist, kann uns nichts Schlimmes passieren. Weder Nazizeit, noch Kommunismus oder eine andere Ideologie, noch Erdbeben oder Katastrophen, noch Verfolgung können unseren innerlichen Tempel und unsere Beziehung zu Gott zerstören. „Wenn ihr standhaft bleibt, werdet ihr das Leben gewinnen." Amen.

FESTE IM JAHRESKREIS

Maria Empfängnis

Liebe Schwestern und Brüder. Das Hochfest „Mariä Empfängnis" ist vom Festinhalt her leider ein oft missverstandenes Fest. Die „unbefleckte Empfängnis" hat nichts mit der Empfängnis Jesu im Mutterleib Mariens zu tun, sondern stellt die Einzigartigkeit der Gestalt Marias, der Tochter von Anna und Joachim, in den Mittelpunkt. Nach katholischem Verständnis ist Maria nämlich vom ersten Augenblick an, als sie im Leibe ihrer Mutter Anna empfangen wurde, durch die Kraft der göttlichen Gnade ein vollkommen erlöster Mensch. Das heißt, Maria ist von Anfang an frei von jeder Erbschuld, da dies im Hinblick auf ihre Berufung zur Mutter Jesu angemessen und von Gott so gewollt ist. Die Paradiesgeschichte aus der Heiligen Schrift ist leider eine Geschichte des Misstrauens des Menschen gegenüber Gott, gegenüber den anderen und gegenüber sich selbst. Der Mensch misstraut seinem Gott und denkt, Gott habe ihm etwas vorenthalten, das er sich unbedingt auch noch aneignen müsse. Der Mensch verliert dabei jedoch sein Ansehen. Wir alle kennen solche Situationen, in denen wir durch Misstrauen innerlich entzweit werden. Wir versuchen dann die Schuld auf die und den anderen abzuschieben. Es ist ein Kreislauf. Wir verstricken uns immer mehr. Man erkennt keinen Anfang, kein Ende. Man kann es nicht fassen, es ist gefährlich. Es trifft einen aus dem Hinterhalt, es ist nicht greifbar und schnell wieder weg, aber die Folgen sind da: schmerzlich, entfremdend, verunsichernd. „Wo bist du?", fragt Gott den Adam. „Mensch, wo hast du dich versteckt? Wie steht es mit deinem Vertrauen zu mir? „Wo bist du?" bedeutet nicht, dass Gott den Menschen an den Pranger stellen will, sondern Gott will dem Menschen wieder neu Lebensmöglichkeiten schenken, sodass er wieder vor sich bestehen, vor Gott stehen und sich vor den anderen sehen lassen kann. Immer ist Gott unterwegs, um mit Liebe um den Menschen zu werben, ihn zu suchen, ihn zu entdecken, ihn zu gewinnen. Gott ist ja ein über alle menschlichen Grenzen hinweg auf den Menschen Zugehender, um darin dann letztlich Raum zu geben für sein lebendiges Wort und Wirken, um in erlösender Liebe ein menschliches Ansehen zu geben und finden zu können. Von dieser Schuldverstrickung in das Böse — so sagt die katholische Kirche — hat Gott Maria von Anfang ihres Lebens an frei gehalten. Sie wurde herausgenommen aus der Misstrauensgeschichte. Sie ist die Zeugin der Liebe Gottes. Das Geheimnis des Festes „Maria Empfängnis" bedeutet also, dass Gott Maria beschenkt hat, aus der Verstrickung in das Böse frei zu werden. Das heilsame Folgen hat auch für alle Menschen. Was Gott Maria geschenkt hat, das gibt auch uns und aller Welt Hoffnung. Gott zeigt in der Gottesmutter Maria ein unbedingtes letztes Vertrauen in ihn und seinen Sohn Jesus Christus, den Retter der Welt. Wir feiern dieses Fest mit Maria, um uns daran zu erinnern, dass auch wir durch die Taufe aus dem Schuldzusammenhang herausgenommen sind. Der Blick auf die Gottesmutter Maria ist deshalb immer auch der Blick auf unsere eigene Hoffnungsgeschichte. Maria ist der Spiegel dafür, was Gott mit uns vorhat, oder was Gott uns schon längst geschenkt hat und was wir dann wachrufen dürfen als Geschenk seiner Gnade. Amen.

Dreifaltigkeitssonntag

Liebe Schwestern und Brüder, der heutige Sonntag bringt uns eines der tiefsten Geheimnisse Gottes: ein Gott in drei Personen. Vor kurzem habe ich in der Schule über die 7 Sakramente gesprochen. Am Anfang habe ich gesagt, dass wir nur einen kleinen Teil über die Sakramente lernen, weil das Thema viel mehr Zeit braucht und in der vierten Klasse kann man nicht alles verstehen. Einer von den Schülern hat gesagt: „Ich will alles wissen, ich bin sicher, dass ich alles begreifen kann." Dann habe ich versucht zu erklären: „Wenn du bei einer Feier bist, kannst du nur ein Stück von einer Torte essen. Falls du die ganze Torte auf einmal aufisst, wird dir schlecht. Statt genießen und Freude haben, bekommst du Bauchweh und isst keine Torte mehr." Die Erklärung passt zu dem Geheimnis der Dreifaltigkeit und zu dem, was wir im Evangelium gehört haben, wo Jesus sagt: „Noch vieles habe ich euch zu sagen, aber ihr könnt es jetzt nicht tragen. Wenn aber jener kommt, der Geist der Wahrheit, wird er euch in die ganze Wahrheit führen. Denn er wird nicht aus sich selbst heraus reden, sondern er wird sagen, was er hört, und euch verkünden, was kommen wird." Jesus ist bewusst, dass die Apostel nicht alles auf einmal verstehen können. Es wird ein Prozess sein, wo der Heilige Geist einen Platz für seine Wirkung haben wird. In unserem Leben ist es ähnlich. Wir verstehen langsam Dinge, die herum um uns passieren. Im Laufe des Lebens verstehen wir auch immer mehr das Geheimnis Gottes. Manche Mystiker hatten das Glück, Gott mystisch zu erfahren. Bei den meisten Menschen dauert es lange, bis sie die Geheimnisse Gottes verstehen, auch wenn es um die Dreifaltigkeit geht. Was wir sagen können ist: Der Gott-Vater hat die Welt erschaffen, der Gott-Sohn hat die Welt erlöst und der Gott- Heiliger Geist heiligt die Welt. Der einzige Gott hat in seinem Sohn gewirkt, und jetzt wirkt er in dem Heiligen Geist. Um mehr zu verstehen, brauchen wir Geduld und Beistand des Heiligen Geistes. Nicht alles kann man mit dem Verstand begreifen. Manchmal muss man betend vor Gott und vor seinen Geheimnissen knien und Gott um Verstehen zu bitten. Die tiefsten Geheimnisse Gottes kann man nur im Gebet verstehen. Die Theologie versucht das Geheimnis zu begreifen, aber sie kann uns nur teilweise helfen. Die volle Ansicht können wir in Ewigkeit bei Gott erwarten. Einer von unseren Priesterseminarprofessoren, den ich sehr geschätzt habe, hat viel über die Dreifaltigkeit gelesen und war auch ein Spezialist in dem Bereich. Er hat einmal gesagt: Der Tod ist vielleicht nichts Schönes, aber andererseits bin ich schon jetzt gespannt. Ich kann dann wirklich das Geheimnis der Dreifaltigkeit verstehen. Es ist interessant, ob das so ist, wie ich das gelesen habe und wie ich das unterrichtet habe. Ich wünsche euch und mir, dass wir uns einmal im Himmel treffen und die großen Geheimnisse Gottes erkennen. Amen.

Fronleichnam

Liebe Schwestern und Brüder, wir sind schon gewöhnt, dass nach der zweiten Lesung das Evangelium kommt. Ab und zu, wie auch heute, kommt noch etwas dazwischen. Das ist die sogenannte Sequenz. Einige große Feste, wie auch Fronleichnam, haben solche zusätzliche liturgische Texte vorgesehen. Der heutige Text stammt von dem hl. Thomas von Aquin, dem großen Theologen, der im 13. Jahrhundert gelebt hat. Durch seine Lehre hat er große Bausteine für das Verstehen der Eucharistie in der Katholischen Kirche gelegt. In dem heutigen Text hat er seinen Glauben an die Eucharistie geäußert. In der jetzigen Form ruft er uns in der ersten Strophe zum Lobe Christus, der uns erlöst hat und für uns ein Hirte ist. Die zweite Strophe geht schon ganz tief in das Geheimnis der Eucharistie: „Er ist uns im Brot gegeben, / Brot, das lebt und spendet Leben, / Brot, das Ewigkeit verheißt, / Brot, mit dem der Herr im Saale / dort beim österlichen Mahle / die zwölf Jünger hat gespeist." Ganz eindeutig schreibt er, dass Jesus uns im Brot gegeben ist, aber nicht in einem normalen Brot, sondern in dem er lebt und Leben spendet und Ewigkeit verheißt, also ein eucharistisches Brot. Da sehen wir, wie der heilige Thomas und die Katholische Kirche die Eucharistie versteht. Jesus gibt uns das eucharistische Brot, in dem er lebt. Er ist in diesem Brot als lebendiger Gott. Durch das lebendige Brot spendet er uns das Leben, das ewige Leben. Das Gleiche haben wir heute im Evangelium gehört, wo Jesus sagt: „Ich bin das lebendige Brot, das vom Himmel herabgekommen ist. Wer von diesem Brot isst, wird in Ewigkeit leben. Das Brot, das ich geben werde, ist mein Fleisch, ich gebe es hin für das Leben der Welt." Die Lehre des heiligen Thomas über die Eucharistie ist tief in der Bibel verankert. Eigentlich kann man das nicht anders verstehen, als dass der lebendige Jesus in der Eucharistie präsent ist. Auch die Verheißung des ewigen Lebens ist eindeutig zu finden: „Wer von diesem Brot isst, wird in Ewigkeit leben.“ Das ist das Geheimnis der Eucharistie. Dieses Geheimnis wollen wir heute tiefer verstehen und erleben und gleichzeitig in einer Prozession verehren. Das ist der Sinn des heutigen Festes. Dann erklärt der heilige Thomas in der Sequenz den Ursprung der Eucharistie. Es ist nämlich das Letzte Abendmahl, das Jesus mit den Jüngern erlebt hat. Dem Inhalt des Hymnus nachfolgend, sollen wir das gleiche begehen und dadurch den Tod Jesu verkünden. Das macht die Kirche in jeder heiligen Messe, weil Jesus uns das aufgetragen hat. Wir kennen doch die Worte „Tut dies zu meinem Gedächtnis“. Der heilige Thomas weist uns hin, dass wir durch die Feier der Eucharistie Gott Dank sagen wollen. Das Wort Eucharistie heißt übersetzt Danksagung. In der letzten Strophe kommt Jesus wieder als der gute Hirt, der alle, die an ihn glauben, durch das irdische Leben führt. Auf dem Weg gibt er uns als Wegzehrung, als „Proviant“, seinen Leib und hofft gleichzeitig, dass wir zum ewigen Mahl in der Herrlichkeit Gottes gerufen werden. Das ist doch unser letztes Ziel, das ist auch das Ziel der Eucharistie. Wenn man tief in die Atmosphäre der Sequenz hineingeht, spürt man den harmonischen Übergang von unserem jetzigen Leben in das ewige Leben. Es beruhigt sich alles in einer Erwartung des neuen, ewigen Lebens. Jesus hat doch gesagt: „Wer dieses Brot isst, wird leben in Ewigkeit.“ Amen

Mariä Aufnahme in den Himmel

Liebe Schwestern und Brüder, ich habe mir erlaubt, die Lesungen aus der Wahl der Vorabendmesse zu nehmen. Warum? Die Lesungen und das Evangelium sind für die Vorabendmesse vorgesehen, deswegen hören sie nur die, die an der Vorabendmesse teilnehmen. Es ist gut, dass wir alle den schönen Lesungen zuhören. Besonders schön ist die zweite Lesung, wo der hl. Paulus so schreibt: „Wenn sich aber dieses Vergängliche mit Unvergänglichkeit bekleidet und dieses Sterbliche mit Unsterblichkeit, dann erfüllt sich das Wort der Schrift: Verschlungen ist der Tod vom Sieg. Tod, wo ist dein Sieg? Tod, wo ist dein Stachel? Der Stachel des Todes aber ist die Sünde, die Kraft der Sünde ist das Gesetz. Gott aber sei Dank, der uns den Sieg geschenkt hat durch Jesus Christus, unseren Herrn.“ Der heilige Paulus schreibt über unsere Zukunft im Sinn des ewigen Lebens. Das heutige Fest drückt unseren Glauben in dem Bereich aus. Die heilige Maria ist die Erste von uns Menschen, wenn es um die Würde geht, die den Himmel erreicht hat, weil sie ohne Sünde gelebt hat. Das war eine besondere Gnade der Mutter Gottes, ein Geschenk von Gott. Man kann sagen, ein Geschenk für ihr „Ja“ zu dem Gottes Plan. Als Mutter des Sohnes Gottes konnte sie keine

Sünde haben. Wie in der Bibel steht, ist der Tod eine Konsequenz der Sünde. Tod in dem Sinn, dass wir von Gott entfernt sind und selbst ohne Gottes Erbarmen keine Chance für das ewige Leben haben. Der ewige Tod, als Trennung von Gott. Von dem Tod kann uns nur Gott retten. Die heilige Maria hat diese Gnade vollständig in Anspruch genommen und jetzt ist sie bei Gott, sie erlebt schon die Freude des ewigen Lebens. Der Tod hat über sie keine Macht. „Tod, wo ist dein Sieg? …wo ist dein Stachel?“ fragt der heilige Paulus in der heutigen Lesung und dann gibt er uns auch die Antwort: Gott hat uns den Sieg geschenkt, durch Jesus Christus. In der kurzen Lesung haben wir das Wesentliche von der Geschichte unserer Erlösung gehört. Jesus ist der, der uns von unseren Sünden befreit hat und er hat uns auch die Unvergänglichkeit und Unsterblichkeit geschenkt. In dem heutigen Fest spricht die Kirche den Glauben an das wunderschöne Geheimnis unserer Erlösung aus. Die heilige Maria ist die Erste, die das Geschenk der Unsterblichkeit bekommen hat. Sie hat Jesus das irdische Leben gegeben und Er hat ihr das Unvergängliche geschenkt. Es ist nicht nur ein Geschenk für sie, es ist auch ein Geschenk für uns und für alle, die an Jesus glauben, wie wir heute im Evangelium gehört haben, wo Jesus sagt: „Selig sind vielmehr die, die das Wort Gottes hören und es befolgen.“ Das dürfen wir nie vergessen. Wir alle sind für die Ewigkeit berufen. Wir ehren die heilige Maria sehr und das ist richtig, aber dabei dürfen wir nie übersehen, dass der, der uns so beschenkt hat, Gott ist - durch seinen Sohn Jesus Christus. Ein richtiger Marienkult führt uns zu Gott, durch Jesus Christus, der uns die Erlösung geschenkt hat. Die heilige Maria ist für uns ein Vorbild, sie ist unsere Fürsprecherin. So sagt die Lehre der Katholischen Kirche. Das, was ich heute gesagt habe, wiederspricht nicht dem, dass wir unsere schönen Marienfeste und Mariengebete und Andachten pflegen. Es ist ein schöner Teil unseres Glaubens, den wir von der vorigen Generation geerbt haben. Das weiter zu pflegen und der nächsten Generation zu übergeben, ist unsere Pflicht. Die heilige Maria war die, die Jesus zur Welt gebracht hat. Sie als die einzige Person, die nach dem Willen Gottes gelebt hat. Deswegen ehren wir sie. Sie betet für uns und wir beten mit ihr zu Gott. Wir können froh sein, dass wir eine solche Fürsprecherin haben. Wir wollen sie auch in diesem Fest gemeinsam ehren. Amen.

Christkönigssonntag

Liebe Schwestern und Brüder. Der Christkönigssonntag ist der letzte im Kirchenjahr. Am nächsten Sonntag ist bereits Advent, und mit ihm der Beginn des neuen Kirchenjahres. Am Anfang des Lukasevangeliums steht eine große

Verheißung: „Die heilige Maria bekam eine Botschaft von Gott. Das Kind, das sie gebären wird, wird groß sein und Sohn des Höchsten genannt werden. Gott, der Herr, wird ihm den Thron seines Vaters David geben. Er wird über das Haus Jakob in Ewigkeit herrschen, und seine Herrschaft wird kein Ende haben." - also nicht irgendein König, sondern der große, verheißene Friedensfürst, der dem erwählten Volk der Juden und der ganzen Welt Frieden und Heil bringen wird. Fast zum Schluss seines Evangeliums berichtet uns der heilige Lukas, dass Jesus am Kreuz gestorben ist. Auf der Tafel über Jesus steht zwar geschrieben: „Das ist der König der Juden", aber es klingt mehr als ein Hohn. Was für ein König ist das? Sein Thron ist ein Kreuz, das alles andere ist als ein Platz des Regierens. Seine Krone aus Dornen ist alles andere als ein Zeichen der Macht. Seine Gesellschaft sind zwei Verbrecher, wo einer von ihnen in der letzten Stunde seines Lebens Jesus verspottet. Die Soldaten, die normalerweise seine Diener und Verteidiger sein sollten, verspotten ihn auch. „Das ist der König der Juden." So endet der Traum vom erhofften König? Nein, er ist nicht zu Ende. Hier, am Kreuz hängend, von allen verspottet, vor aller Augen völlig gescheitert, wird plötzlich sichtbar, dass Jesus doch der ersehnte Erlöser ist. Nicht die Großen, die Gescheiten begreifen es, sondern der eine der beiden Verbrecher neben ihm. Nur der zweite Verbrecher hat in Jesus einen König erkannt, als er sagte: „Jesus, denk an mich, wenn du in dein Reich kommst." Und dieser Verbrecher ist es jetzt, der als erster erfasst hat: Der Mann, der da mit uns gekreuzigt wurde, ist nicht nur unschuldig, er ist wirklich der König, dessen Herrschaft kein Ende haben wird, auch wenn er jetzt elend am Kreuzbalken stirbt. „Heute noch wirst du mit mir im Paradies sein." So ist er doch ein König! Und was er gibt, kann keine Macht der Welt nehmen oder zerstören: das ewige Leben. Für Sein Reich lohnt es sich zu leben — und zu sterben. Dort, wo es keine Hoffnung gibt, gibt Jesus die besondere Hoffnung, die kein Ende hat, ein ewiges Leben. Das, was Jesus am Kreuz begonnen hat, läuft weiter, Jesus schenkt die Ewigkeit. Jesus erobert die Herzen vieler Menschen. Er erobert sie nicht mit der Macht, sondern mit Liebe. Sein Reichtum kennt keine Grenze, weder eine Grenze des Staates, noch der Kontinente. Überall wächst seine Liebe und die Verheißung des ewigen Lebens. Überall gibt es Menschen, die an Ihn glauben und dadurch die Verheißung des ewigen Lebens wahr nehmen. Das Beispiel des einen Verbrechers, der in der letzten Stunde seines Lebens das Himmelreich geschenkt bekommen hat, ist für alle Menschen ein Trost. Es ist nie zu spät hineinzusteigen, die Worte Jesu wahr zu nehmen. Es ist eine große Chance, die uns Jesus gibt. Die Tür des Himmelreichs Jesu ist offen für alle. Wenn die Macht Jesu die Liebe ist, kann Er uns nur durch die Liebe anziehen. Die Liebe zwingt niemanden, sie lässt auch die Entscheidung den Menschen, auch wenn die Antwort „nein" klingt. In dem Fall kann man nur die Hoffnung haben, dass es nicht die letzte Entscheidung war. Vielleicht später, vielleicht wenn man reifer wird. Die Tür des Himmelreichs ist immer offen, bis zur letzten Sekunde des Lebens. Es ist nie zu spät, an Jesus zu glauben, seine Lehre wahr zu nehmen und als Lebensart in das eigene Leben einzufügen und dann mit Jesus die Ewigkeit des Reiches Gottes zu genießen. Amen

Printed by Books on Demand GmbH, Norderstedt / Germany